너는 네 생각보다
훨씬 더 잘할 수 있어!

너는 네 생각보다 훨씬 더 잘할 수 있어!

2012년 10월 15일 발행 2판 1쇄 발행

지은이_ 이지성
그림이_ 김성신
펴낸이_ 박준기
펴낸곳_ 도서출판 맑은소리
주소_ 서울시 금천구 가산동 550-1 롯데IT캐슬 2동 1105호
전화_ 02-857-1488
팩스_ 02-867-1484
등록_ 제10-618호(1991.9.18)

ISBN 978-89-7852-166-5 73800

- 저자와의 협의에 의하여 인지 부착을 생략합니다.
- 이 책 내용의 일부 또는 전부를 재사용하려면 반드시 저작권자와 도서출판 맑은소리 양측의 서면에 의한 동의를 받아야 합니다.
- 책값은 표지에 있습니다.
- 잘못 만들어진 책은 구입처와 본사에서 교환해드립니다.

어린이의 생각을 열어주는 귀한 이야기

너는 네 생각보다 훨씬 더 잘할 수 있어!

이지성 지음 김성신 그림

맑은소리

이지성 선생님은

선생님은 성남시 분당구에 위치한 서현 초등학교를 거쳐 현재는 성남시 상원 초등학교에서 어린이 친구들과 함께 생활하고 있답니다. 친구들은 선생님을 '외계인', '느끼남', '위대한 쌤', '피노키오 쌤' 등 다양한 별명으로 부르지요.

선생님은 글 쓰고 이야기하는 것을 좋아해 『18시간 몰입의 법칙』, 『20대를 변화시키는 30일 플랜』, 『왕의 자녀 학습법』, 『성공하는 아이에게는 미래형 커리큘럼이 있다』 등 많은 책을 썼고, 또 어린이 친구들이 많이 읽는 〈어린이 동아〉에 '얼짱 선생님의 좌충우돌 우리 교실'이라는 칼럼도 연재했답니다. 그리고 요즘은

'MBC 로그인 싱싱뉴스'의 고정 패널로도 활동하고 있어요.

선생님의 교실은 쉬는 시간이나 점심시간, 또는 방과 후가 되면 자동 변신을 해요. 우리 친구들의 고민을 듣고 함께 이야기를 나누는 '피노키오 상담실'로 바뀌거든요. 혹시 이 책을 읽는 어린이 친구들도 누군가에게 말하지 못할 고민이나 걱정거리가 있다면, 바로 선생님에게 이야기하세요. 선생님은 우리 어린이 친구들의 이야기라면 24시간 마음을 활짝 열어놓고 있으니까요.

선생님 E-mail : ilikeuverymuch@hanmail.net

선생님 미니홈피 : www.cyworld.com/wfwijs

이 책을 읽는 어린이들에게

선생님은 우리 어린이 친구들에게 이야기를 들려주는 것을 무척이나 좋아한답니다. 그래서 때론 수업을 하는 대신 하루 종일 이야기만 들려줄 때도 있지요. 선생님은 주로 여러분의 상상을 초월하는 어릴 적 시골 모험담이나 웃긴 이야기를 들려주지만, 때때로 우리 친구들의 생각을 열어주는 귀한 이야기를 들려주기도 해요. 이 책은 바로 그 귀한 이야기들의 모음집인 셈이지요.

여러분처럼 선생님의 이야기를 들었던 초등학생들은 이제 중학생, 고등학생이 되었습니다. 어쩌다가 제자들이 안부를 전하면서 "선생님, 그때 선생님께서 들려주셨던 이야기들이 아직도 제게 큰 힘이 되고 있습니다."라고 말할 때면 선생님도 모르게 콧날이 시큰해지곤 한답니다. 이 책을 읽는 우리 어린이 친구들도 먼 훗날 선생님에게 이런 말을 전해 주게 되길 기도하면서…….

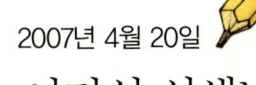

2007년 4월 20일
어린이들의 친구, 이지성 선생님

차례

초등학교 때부터 남다르게 살아야 남다른 어른이 된단다 / 13

생각을 한번 바꿔 보지 않을래? / 20

이휘크라테스처럼 살아 보지 않겠니? / 25

네 입에서 나오는 말이 너의 미래를 만든단다 / 28

진실한 친구를 만드는 네 가지 방법 / 35

모든 일은 네 생각대로 된단다 / 38

꿈은 반드시 이루어진단다 / 46

태양을 향해 네 꿈의 창을 던지렴 / 52

넌 반드시 최고의 인물이 될 거야 / 56

발표를 잘하는 방법 / 59

시험을 앞두고 미리 걱정하지 말렴 / 65

현명한 아이는 자신의 책임을 부모님께 돌리지 않는단다 / 68

지금 네가 하고 있는 생각이 쌓여서 네 미래를 만든단다 / 73

행복한 사람이란 / 76

네 컴퓨터의 전원을 항상 켜두렴 / 78

네 생각의 크기가 네 미래를 결정한단다 / 81

99%의 생각 대신 1%의 생각을 하렴 / 84

최고가 된 너의 모습을 생생하게 그리렴 / 87

하나님께서는 네가 감당하지 못할 시련은 주시지 않으신단다 / 93

기분 나쁜 일이 생겨도 즐겁게 받아들이자꾸나 / 97

착한 늑대에게 먹이를 주렴 / 103

세상에서 가장 무서운 사람은 노력하는 사람이란다 / 105

꿈은 땀으로 이루어진단다. / 110

늘 환하게 웃는 얼굴로 생활하렴 / 112

넌 축복받았단다 / 116

언제나 장점을 찾아 보렴 / 119

결심은 지금 이 순간을 위해서 하는 것이란다 / 121

시간은 공평하단다 / **123**

행동하면 모든 게 바뀐단다 / **124**

넌 어떤 생각들을 극복해야 하니? / **127**

사람이 실패하는 게 아니라 단지 그 일이 실패할 뿐이란다 / **131**

넌 커서 어떤 두뇌를 갖고 싶니? / **134**

크게 성공하는 사람이 되려면 / **138**

작심삼일 타파 필살비법 / **143**

네 말을 바꾸면 네 인생도 바뀐단다 / **146**

네 꿈을 적어 보지 않겠니? / **154**

초등학교 때부터 남다르게 살아야
남다른 어른이 된단다

1 옛날, 영국에 울보 남자아이가 하나 있었단다. 이 아이는 너무나도 겁이 많았던 나머지 툭하면 눈물을 질질 짜곤 했어. 아빠가 쳐다만 보아도 "엉엉엉", 엄마가 핀잔을 주면 "잉잉잉", 할머니가 "울지 마라, 얘야. 착하지?" 하고 달래면 더 크게 "앙앙앙". 나중에는 집안 어른들이 『울지 않는 법』이라는 책을 이 아이에게 선물할 정도였지.

이 아이는 공부하기를 무척이나 싫어했단다. 아마 너보다 100배는 더 싫어했을 거야. 많은 친구들이 공부를 싫어하긴 하지만,

아무리 그렇다고 해도 과외 선생님을 피해서 숲 속으로 도망치지는 않잖아? 그런데 이 아이는 과외 선생님이 오실 때마다 숲 속으로 숨어버렸단다. 하지만 그때마다 붙잡혔고, 부모님께 매를 맞아야 했지.

한 번은 이런 적도 있었어. 중요한 시험을 보는데, 답안지에 이름을 쓰고 나서 문제를 읽어 보니까 아는 문제가 하나도 없는 거야. 그렇다고 답안지를 백지로 낼 수도 없고……. 궁여지책(별다른 방법이 없어 생각다 못하여 짜낸 꾀) 끝에 아이는 답을 적는 대신 영국 국기를 크게 그려 놓았단다. 총을 들고 전진하는 병사들의 그림도 함께 말이야.

결과가 어땠을까? 전 과목 빵점, 전교 꼴찌였단다.

2 옛날에는 초등학교에 특수반이라는 게 있었어. 여기는 다른 아이들보다 성적이 많이 뒤처지거나, 지능이 조금 부족한 친구들이 수업을 받는 곳이야. 이 이야기의 주인공도 전교 꼴찌를 기록하는 바람에 특수반으로 내려가야 했단다. 그리고 무려 3년을 그 반에서 보내야 했지.

이 아이는 자라서 어떤 사람이 되었을까? 바보 어른이 되었을까? 아니면 울보 아저씨? 공부를 지지리도 못했으니까 죽었다 깨어도 훌륭한 사람은 될 수 없었겠지?

그러나 아니란다.

이 아이는 자라서 육군사관학교에 들어갔고, 전쟁영웅이 되었으며, 노벨문학상 수상 작가가 되었고, 두 번씩이나 영국의 총리가 되었단다. 사람들은 이 아이를 '20세기의 가장 위대한 정치가, 윈스턴 처칠' 이라고 불렀지.

3 처칠은 어떻게 이처럼 위대한 인물이 되었을까?

반드시 하루에 5시간 이상 책을 읽는다.
건강을 위해서 매일 2시간씩은 꼭 운동을 한다.
어떤 기분 나쁜 일이 생겨도 개의치 않고 늘 밝게 웃는다.

이 세 가지 원칙을 하루도 빠짐없이 지켰던 결과, 그렇게 될 수 있었단다.

처칠은 '반드시 하루에 5시간 이상 책을 읽는다' 는 원칙을 10대 때부터 지키기 시작했어. 자신이 목표한 만큼을 읽기 전에는 먹지도 자지도 않았을 정도로 처칠은 이 원칙을 목숨처럼 여겼단다. 그랬기에 몇 년이 지난 뒤에는 세상 그 누구보다 더 많은 지식을 가질 수 있었지.

생각해 보렴. 5시간에 책 두 권을 읽을 수 있다고 가정한다면, 열흘이면 20권, 한 달이면 60권, 1년이면 720권, 2년이면 1440권

의 책을 읽게 되는 거야. 그리고 14년 간 매일 5시간씩 책 두권을 읽는다면 모두 1만 권이 넘는 책을 자신의 머릿속에 담게 된다는 이야기겠지? 옛말에 '책을 1만 권 넘게 읽으면 아무리 바보라도 천재가 될 수 있다' 는 말이 있단다. 처칠은 자신의 원칙을 우직하게 지켜나간 결과, 바보에서 천재로 변신할 수 있었던 거야.

처칠은 또한 하루에 2시간씩은 꼭 운동을 했단다. 어렸을 때 몸이 약했던 처칠은 나쁜 선배들과 못된 친구들에게 괴롭힘을 많이 당했거든. 그래서 하루도 빼먹지 않고 꼬박꼬박 운동을 한 결과 나쁜 친구들을 혼내줄 수 있을 정도로 몸이 건강해졌단다. 처칠은 보어 전쟁(1899~1902년 / 영국이 남아프리카의 금이나 다이아몬드를 얻기 위해 트란스발 공화국, 오렌지 자유국과 벌인 전쟁)에서 어깨뼈가 빠지는 부상을 당했을 때에도 이 원칙을 어기지 않았어. 덕분에 처칠은 강철 같은 육체를 갖게 되었고, 나중에 세계 제2차 대전이 일어났을 때 며칠씩 잠을 자지 못하는 상황에서도 전혀 지치는 기색 없이 전쟁을 치를 수 있었단다.

그리고 마지막 원칙 역시 처칠은 꿋꿋하게 지켜 나갔단다. 처칠에게는 많은 슬픈 일이 있었어. 초등학교에 들어가기도 전에 엄마는 처칠을 버리고 집을 나갔고, 아빠는 정신병에 걸렸단다. 또 초등학생 때는 전교 왕따였고, 담임선생님께 늘 야단맞는 하루하루를 보내야 했어. 때문에 마음의 고통이 얼마나 심했던지 처칠은 초등학생 때부터 자살을 생각했을 정도였지. 하지만 그럴수록 상황은 더욱 나빠지기만 했어. 그래서 처칠은 이제까지와는 다르게 생각하기로 했단다.

"아무리 슬프고 눈물이 나도 밝게 웃자. 그러면 좋은 일이 생길 거야."

처칠은 이렇게 생각한 다음부터 매일매일 밝게 웃으면서 지냈고, 나중에는 낙천주의자 클럽이라는 밝게 웃는 사람들의 모임에 가입하기도 했단다. 그러자 정말로 좋은 일들이 생기기 시작했어. 전교 꼴찌였던 아이가 육군사관학교에 우수한 성적으로 입학하게 되었는가 하면, 군인생활을 하면서는 전국적으로 유명한 사람이 되었고, 20대에 국회의원이 되는 등 나날이 가슴 벅찬 성공을 맞이하게 되었지.

넌 어떠니? 책은 하루에 몇 시간이나 읽니? 운동은? 기분 나쁜 일이 생겼을 때, 찡그리는 대신 활짝 웃으면서 넘겨 본 적은 얼마나 되니?

선생님은 네가 처칠처럼 살기를 바란단다. 처칠처럼 책을 읽고, 처칠처럼 운동을 하고, 처칠처럼 밝게 살기를 바란단다. 그러면 넌 오래지 않아 처칠 못지않은 성공을 거두는 사람이 될 거야.

생각을 한번 바꿔 보지 않을래?

1 옛날, 할리우드에 찰리 채플린이라는 사람이 있었단다.

이 사람이 누구냐고? 음, 이 사람은 20세기의 대표적인 희극배우라고 불리는 사람인데, 성룡보다 열 배는 더 유명한 배우였어.

그런데 이 사람은 초등학생 때 너무나 가난했단다. 아빠는 돌아가신 지 오래인데 엄마까지 병에 걸려 누워 계시다 보니, 집에는 100원짜리 동전 하나 남아 있지 않은 상태였거든. 이 가족은 어떻게 되었을까? 엄마는 시에서 운영하는 노숙자 쉼터로 보내졌고, 채플린은 고아원에 들어가야 했단다. 너와 꼭 같은 초등학생 때 말이야.

혹시 너는 '불행종합선물세트' 라는 걸 들어 봤니? 반에서 키가 제일 작고, 몸무게도 제일 적게 나가고, 공부는 꼴등에 옷은 매일 같은 옷만 입고 다녀야 하고, 1년 내내 용돈은 단 한 푼도 없고, 모든 친구들이 다 따돌리고, 싸우면 매번 맞기만 하는 아이. 채플린이 바로 그런 아이였단다. 이 아이에게는 마치, 불행이란 불행이 다 찾아온 것만 같은 나날이었지.

2 청년이 된 채플린은 이런 생각이 들었단다.

"언제나 이렇게 바보처럼 살 수 없어. 유명해지고 싶어! 친구들이 엄청나게 많은 사람이 되고 싶어! 나는 부자가 되고 싶어!"

유명한 사람이 되고야 말겠다고 다짐한 채플린은 배를 타고 뉴욕으로 갔단다. 브로드웨이 스타, 요즘으로 치면 비나 이효리 같은 사람이 되겠다는 꿈을 품고 말이야.

하지만 그로부터 몇 년이 지났을 때, 채플린은 거지꼴로 뉴욕 시내를 방랑하고 있었단다. 그를 배우로 쓰겠다는 극장이 단 한 곳도 없었거든. 채플린은 이제 단돈 100원도 없던 처지에서 단돈

1원도 없는 신세로 전락하고 말았어.

그러던 어느 날, 느닷없이 어떤 생각이 채플린의 머릿속을 스치고 지나갔어.

'어쩌면 성공과 실패는 똑같은 게 아닐까? 실패가 쉬운 것처럼 성공 역시 쉬운 게 아닐까? 지금까지 내가 성공하지 못했던 건 성공이 너무 어려운 것이라고 생각했기 때문일지도 몰라. 앞으로는 성공이 정말 쉬운 거라고 생각하자. 그럼 혹시 알아? 진짜로 성공하게 될지?'

채플린은 이렇게 생각하면서 오디션을 보러 다니기 시작했어. 결과는 승승장구! 브로드웨이에 성공적으로 데뷔했음은 물론이고, 오래지 않아 세계적인 배우가 되었단다.

생각을 바꾸니까 행동이 바뀌고, 행동이 바뀌니까 운명이 바뀐 것이지.

3년 어떠니? 마음속에 어떤 생각들이 있니?

'공부를 잘한다는 건 나한테 절대 무리야.'

'친구들한테 인기 있는 사람이 되는 건 너무 어려워.'

'엄마한테 칭찬 한 번 받기 진짜 힘들어. 나는 매번 혼나기만 하는걸?'

혹시 이런 생각으로 가득하다면, 지금부터 생각을 한번 바꾸어 보지 않을래?

'공부? 내가 안 해서 그렇지 하기만 하면 잘할걸? 나한테 무리란 없어!'

'친구들한테 인기를 얻는다는 건, 그렇게 어려운 일이 아닐지도 몰라.'

'내가 왜 혼나는지는 나도 잘 알고 있잖아? 이제부터 그 반대로만 하면 하루에 한 번씩 칭찬받는 건 일도 아닐 거야.'

사람은 자기가 생각한대로 행동하게 된단다. 자신이 없다는 생각을 하면 자신감 없는 행동을 하게 되고, 그 행동은 나쁜 결과를 불러오게 되지. 하지만 자신을 가지면 자신감 넘치는 행동을 하게 되고, 좋은 결과를 불러오게 된단다.

생각을 바꾸는 것은 세상에서 가장 쉬운 일이야. 지금 즉시, 새로운 생각으로 마음속을 채우면 되니까.
어때? 네 생각을 한번 바꿔 보지 않을래?

이휘크라테스처럼
살아 보지 않겠니?

1 그리스 아테네에는 전쟁터에 나가기만 하면 승리하고 돌아오는 아주 대단한 장군이 있었단다. 그의 이름은 이휘크라테스. 연이은 승전보에 이휘크라테스의 명성은 나날이 그리스 전역으로 퍼져 나갔고, 그러자 동료 중에서도 그를 시기하는 자가 나타나기 시작했어. 그중 하모디우스라는 장군은 어느 날 그에게 창피를 줄 목적으로 아테네의 모든 장군들이 모인 자리에서 모욕적인 말을 퍼부었단다.

"이휘크라테스. 네가 요즘 전쟁에서 몇 번 이겼다고 우쭐대는 모양인데, 형편없는 집안 출신인 주제에 그렇게 큰소리칠 건 없잖아? 우리 집안을 봐라. 할아버지는 대장군이셨고, 아버지 역시 장군이셨지. 명문대가의 후손인 나 하모디우스에 비한다면 너의 승리 같은 것은 아무것도 아니야!"

그래, 이휘크라테스는 귀족 출신이 아니었단다. 그는 구두방을 운영하는 아버지 밑에서 자랐어. 명성이 자자한 귀족가문에 비교하자면, 뭐 하나 내세울 것 없는 집안이었지. 하지만 이휘크라테스는 눈 하나 깜짝 않고 이렇게 대답했어.

"네 말이 맞다, 하모디우스. 너는 명문대가의 후손이고 나는 별 볼일 없는 집안의 자식이지. 그러나 하모디우스. 네 집안은 너로서 끝이지만, 우리 집안은 나부터 시작이다."

이 말을 들은 하모디우스는 어땠을까? 얼굴이 벌게진 채 아무말도 못하더니, 그 다음부터는 이휘크라테스의 말을 잘 따르게 되었단다. 다른 장군들 역시 이휘크라테스의 기개 넘치는 대답에 그를 한층 더 깊이 존경하게 된 것은 말할 것도 없고 말이야.

2

학교에도 그런 아이들이 있지? 자기네 집 평수가 얼마고, 자

26

기 아빠가 어떤 회사에 다닌다고 떠들고, 자기네 차가 어떤 거라고 자랑하는……. 그런데 대부분의 아이들은 그런 말을 기분 나빠 하면서도 묵묵히 듣고만 있더구나. 이휘크라테스처럼 기개 넘치는 반박은 해 볼 생각도 못하고 말이야.

왜 그럴까?

그건 너희가 이휘크라테스처럼 살지 않고 있기 때문이란다. 초등학생이 이휘크라테스처럼 산다는 것은 공부든 운동이든 독서든 그 어떤 분야에서건 자신이 제일 잘할 수 있는 분야가 있다는 것, 그것에 대해 자신감을 가질 수 있다는 것을 뜻한단다.

어떠니? 너도 이휘크라테스처럼 뛰어난 사람이 되어 보지 않겠니? 그럼 철없는 자랑을 늘어 놓으며 네게 면박을 주는 아이에게 이휘크라테스처럼 당당하게 말할 수 있을 거야.

그리고 네가 따끔한 말을 해주면 그 아이도 하모디우스처럼 뭔가 깨닫고 겸손하게 사는 아이로 바뀔 수 있을 거란다.

네 입에서 나오는 말이
너의 미래를 만든단다

1 프랑스에 에밀 쿠에라는 약사가 있었단다.

 선생님이 우리 반 친구들에게 "에밀 쿠에라는 사람이 있었단다."라고 하니까 남자아이들이 하나같이 자기 여자 짝꿍을 보면서 "에에미일쿠웨엑!" 하더구나. 그 다음엔 어떻게 됐을까? 여자아이들의 굳센 주먹이 남자아이들의 주둥이를 강타해 버렸지. 하여튼 어른인 선생님이 볼 때, 초등학교는 정말 무서운 곳이라는 생각이 든단다. 남자애들은 수업시간마다 이상한 행동들을 쉬지 않고 해대고, 여자애들은 그런 남자애들을 바르고 굳센 주먹으로 가차 없이 응징해 버리니 말이야.

이런, 이야기가 엉뚱한 곳으로 흘러 버렸네? 다시 에밀 쿠에 이야기로 돌아가자꾸나.

2 이 에밀 쿠에라는 사람이 말이야, 어느 날 큰 실수를 하고 말았단다. 그만 설탕 덩어리를 약으로 착각하고 환자에게 처방해 준 거야. 뒤늦게 자신의 실수를 깨달은 쿠에는 너무나도 괴로워했어. 환자에게 약의 효능을 자세하게 설명하면서, "이 약을 먹고도 낫지 않으면 내가 약사를 그만두겠소."라고 큰소리를 쳤거든.

다음날 아침, 쿠에는 무거운 마음 때문에 약국 문을 늦게 열었단다. 그리고 어제의 그 환자를 기다렸어. '이제 약사로서의 내 생명은 끝났구나.'라고 생각하면서.

한 시간쯤 지났을까? 갑자기 문이 벌컥 열리더니 어제의 그 환자가 뛰어 들어왔어. 그러고는 "선생님!" 하고 외치면서 쿠에의 손을 붙잡고 "감사합니다. 감사합니다. 선생님이 지어주신 약 덕분에 아팠던 게 말끔히 나았다구요!"라고 말하는 게 아니겠어? 예상치 못한 상황에 너무 놀란 쿠에는 그저 어안이 벙벙할 따름이었단다.

3 쿠에는 환자를 보내고 깊은 생각에 빠져들었어. 하지만 아무리 생각해 보아도 그 원인을 알 수 없었단다.

　모든 세상일에는 원인 없이 나타나는 결과란 없어. 이것을 어려운 말로 '인과관계' 라고 하지. 그런데 설탕은 '단맛이 난다' 는 결과의 원인은 될 수 있지만, '병이 낫는다' 는 결과의 원인이 되기는 어렵잖아? 아니, 거의 불가능하다고 보아야겠지. 그런데 환자는 잘못 처방된 약을 먹고 병이 씻은 듯 나았다고 주장했어. 그것도 설탕을 먹고 말이야.

　쿠에는 다시 곰곰이 생각해 보았단다. 그러고는 이런 생각을 하게 되었어.

　"혹시 '말' 때문은 아니었을까? 이 약을 먹으면 반드시 나을 거라고 확신했던 내 말 때문이었을지도 몰라!"

　그래서 쿠에는 '말이 사람에게 미치는 영향' 에 대해 연구하기 시작했단다.

4 그로부터 몇 년이 흐른 어느 날, 한 특이한 약사에 관한 소문

이 프랑스 전역을 휩쓸기 시작했단다. 놀랍게도 그는 환자들에게 약 대신 종이쪽지를 주는 약사였어. 그리고 더 신기한 것은, 그 종이쪽지를 받아간 대부분의 환자들이 기적처럼 완치된 것은 물론이고 그들의 삶까지 바뀌었다는 거야. 별 볼일 없던 삶에서 빛나는 삶으로 말이야.

약사가 환자들에게 처방해 준 종이쪽지에는 이렇게 적혀 있었단다.

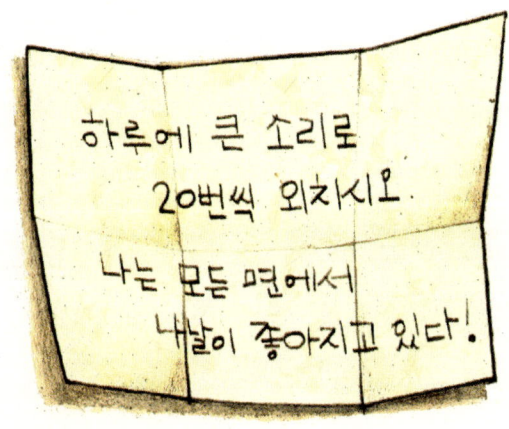

네가 짐작하고 있듯이 그 약사의 이름은 쿠에였단다.

물론 쿠에의 치료법이 세상의 모든 환자들에게 효과가 있었던 것은 아니란다. 하지만 쿠에는 자신의 '말 치료법'으로 수많은 환자들을 고쳤고, 그들의 인생까지 변화시켰어.

쿠에의 치료법은 의학적으로도 그 효과를 인정받아, '위약효과'

라는 어려운 이름을 가지게 되었단다. 그리고 이후 독일의 슐츠라는 의사는 쿠에의 치료법을 발전시켜서 '자율신경훈련법'이라는 것을 만들었고, 그 결과 슐츠는 노벨의학상 후보로 추대되기까지 했단다.

5 쿠에의 연구에 따르면, 사람의 운명은 자기가 말하는 대로 흘러간다는구나. 이를테면 "나는 재수가 없어."라는 말을 습관처럼 하면 정말로 재수 없는 일들이 생기고, 반대로 "나는 행운아야. 언젠가 놀라운 행운이 나를 찾아올 거야."라는 말을 입버릇처럼 반복하다 보면 정말로 놀랄만한 행운이 찾아온다는 거지.

네 경우에 대입해 보면, 매일 수십 번씩 큰 소리로 "나는 공부를 잘할 수 있다! 나는 친구들에게 인기 있는 사람이 될 수 있다! 나는 부모님께 칭찬받는 아이가 될 수 있다!"라고 외치면 진짜로 그렇게 될 수 있다는 이야기야.

"단지 말 몇 마디 외치는 걸로 저를 바꿀 수 있다구요? 선생님, 장난치지 마세요. 저는 안 돼요!"

혹시 네가 이렇게 생각하고 있다면 선생님은 이런 말을 해주고 싶어.

애야, 너보다 더 심한 아이들도 말을 바꾸니까 모든 것이 바뀌더구나. 그러니 한번 속는 셈치고 해 보지 않으련? 하루에 스무 번씩 딱 한 달만 진심을 담아서,

"나는 공부를 잘할 수 있다!"

"나는 친구들에게 인기 있는 사람이 될 수 있다!"

"나는 부모님께 칭찬 받는 아이가 될 수 있다!"라고 외쳐 보는 거야.

분명히 모든 게 바뀌는 걸 경험하게 될 거야!

진실한 친구를 만드는
네 가지 방법

1 미국의 카네기 공과대학교(공업 생산에 필요한 과학 기술을 전공하는 학교)에서 직장생활에 실패한 사람, 가정생활에 실패한 사람, 사회생활에 실패한 사람 1만 명을 대상으로 '이 사람들은 왜 실패했는가?'를 조사한 적이 있단다.

조사 대상자 1만 명은 겉보기에는 절대로 실패하지 않을 것 같은 사람들이었어. 그들은 학교 다닐 때 우등생이었고, 남들은 따라갈 수 없는 탁월한 기술을 가진 사람들이었단다. 하지만 조사를 마치고 보니 이들에게는 다음과 같은 공통점이 있었지. '친구 관계가 좋지 않았다'는…….

그럼 이 사람들에게 친구가 전혀 없었을까? 아니, 다들 무척이나 많은 친구를 가지고 있었어. 하지만 즐거울 때 같이 놀 수 있는 친구만 있었지, 정작 어려울 때 도움을 줄 수 있는 진정한 친구는 단 한 명도 없었단다. 다시 말해, 친구와 잘못된 관계를 맺고 있었던 거야.

2 너는 어때?

매일 교실에서 죽네 사네 하면서 붙어 다니고 같이 축구도 하고 같이 노래방에 가고 같이 놀이공원도 가지만, 네가 힘들거나 속상할 때 달려가서 속마음을 털어 놓을 수 있는 친구가 한 명이라도 있니? 네가 그 친구 앞에서 힘든 마음을 털어 놓고 눈물을 보이면, 어설픈 충고를 하기보다는 같이 아파하고 같이 울어주는 그런 친구가 있니?

만일 없다면, 너도 앞에서 이야기한 1만 명의 사람들과 똑같은 친구 관계를 맺고 있었다고 볼 수 있단다.

그렇다면 진실한 친구는 어떻게 사귈 수 있을까?

첫째, 진실한 친구를 사귀고 싶다는 강한 소망이 있어야 한단다. 평상시에 그런 소망을 갖고 있어야 진실한 친구를 쉽게 만날 수 있지.

둘째, 친구가 내게 이렇게 해주었으면 하는 것들을 네가 먼저 친구에게 해주어야 한단다.

셋째, 마음이든 물건이든 또 다른 무엇이든, 친구에게 줄 때는 내가 받을 것을 생각하지 않아야 한단다. 이를테면 친구에게 주는 모든 것은 '선물'이라고 생각하는 거야.

이 세 가지를 잘 지키면 진실한 친구를 아주 많이 얻을 수 있단다.

아, 가장 중요한 것을 빠뜨렸구나.

무엇보다도 먼저, 네 자신이 누군가에게 진실한 친구가 되어주어야 한단다.

모든 일은
네 생각대로 된단다

1 레이 유리는 1900년에 열린 제2회 파리 올림픽에 출전해 높이뛰기, 멀리뛰기, 세단뛰기에서 모두 금메달을 따 3관왕을 차지한 사람이란다. 그리고 1904년 제3회 세인트루이스 올림픽에서도 똑같은 세 개 종목에서 금메달을 따 2연패의 기쁨을 누릴 수 있었지.

이후 레이 유리는 1906년과 1908년에도 올림픽에 출전해, 종목이 없어진 선 자세에서의 세단뛰기를 제외하고 나머지 두 개 부문에서 모두 우승을 차지했단다. 이로써 레이 유리가 획득한 금메달은 모두 열 개가 되었고, 그는 아직도 올림픽 역사상 가장 많은 금메달을 딴 선수로 기억되고 있단다.

그런데 너 이거 아니?

레이 유리는 소아마비에 걸려서 한쪽 발을 잘 못 쓰는 사람이었 단다. 정말 놀랍지 않니? 남들보다, 특히 다른 운동선수들보다 대단히 불편한 몸을 이끌고 역사상 가장 많은 올림픽 금메달을 차지하다니! 레이 유리는 어떻게 이 대단한 기록을 만들어낼 수 있었을까?

바로 언제나 '나는 할 수 있다!' 라고 생각했기 때문이란다.

2

레이 유리가 초등학생이었을 때였단다. 어느 날 휠체어를 타고 체육관에 놀러 갔다가 높이뛰기 연습을 하는 선수들을 보게 되었어. 레이 유리는 그들을 보고 이렇게 생각했지.

"우와, 멋있다! 나도 저런 사람이 되고 싶어!"

그러고는 코치를 졸라서 높이뛰기 연습생이 되었단다. 생각해 보렴. 휠체어에서 내려와 한 발을 절룩거리며 껑충 껑충 뛰어오르려고 노력하는 레이 유리의 모습을 말이야.

모두가 "넌 안 돼. 하늘이 두 쪽 나도 넌 절대로 높이뛰기 선수가 될 수 없어. 넌 소아마비니까!"라고 말했지만, 단 한 사람 레이 유리만은 "난 할 수 있어요!"라고 말했단다. 그리고 자신의 말대로 높이뛰기 선수가 되었으며, 쟁쟁한 선수들을 제치고 한 나라의 국가대표가 되었고, 올림픽 금메달리스트가 되었단다.

3 레이 유리뿐만이 아니란다.

　1930년 제1회 월드컵 대회 결승전에서 경기종료 1분 전, 승리를 굳히는 쐐기 골을 넣어 우루과이에 우승컵을 안겨준 카스트로는 어릴 때부터 오른팔이 없는 선수였어. 때문에 몸의 균형이 맞지 않아 기우뚱거리며 뛰었지만, 오른발의 위력이 아주 강해서 '대포알 슈터'로 유명했단다.

　그리고 1962년에 열린 제7회 월드컵 대회에서 브라질에 우승을 안겨 준 가린샤 역시 병원에서 보호 장비 없이는 걷기가 어렵다고 판정했던 소아마비 환자였어. 왼쪽 다리는 안으로 굽고, 오른쪽 다리는 왼쪽보다 6센티미터가 짧은 데다 바깥으로 휘어진 기형이었기 때문에 혼자 일어나 균형을 잡는다는 것 자체가 불가능한 상태였지. 하지만 그는 결국 축구선수가 되었고, 54경기의 A매치(정식 국가대표팀간의 경기)에 출전해 34골이나 기록했단다. 또한 신기에 가까운 드리블을 선보여 수많은 축구팬들에게 '드리블의 왕'이라는 최고의 찬사를 들었지. '축구황제' 펠레와 함께 당시 브라질의 A매치 불패신화를 이끈 최고의 축구선수였단다.

　또 시각장애인인 말라 러년은 2001년 미국 여자 5,000미터 육상경기에서 1위를 차지했고, 사고로 두 다리를 잃은 워런 맥도널

드는 특수 휠체어를 타고 킬리만자로를 정복했단다.

4 정말 놀라운 이야기지? 하지만 세상에는 이런 놀라운 일을 이룬 사람들이 수천 수만 명이 넘는단다. 아니, 셀 수도 없이 많다고 하는 게 더 옳을 거야.

그럼 이 사람들은 정상적인 신체를 가진 사람들도 감히 해내지 못한 일들을 어떻게 이처럼 완벽하게 해낼 수 있었을까? 단지 '기적'이었을까?

아니. 그건 이들이 "나는 ○○○ 때문에 할 수 없어."라는 생각을 하지 않았기 때문이란다.

"소아마비인 나더러 올림픽 금메달리스트가 되라고? 지금 나를 놀리는 거야?!"

"팔이 하나 없는 내가 국가대표 축구선수가 될 수 있다고? 훗, 거짓말."

"나는 다리가 없어. 다리가 없다고! 그런 내가 어떻게 등산을 해!"라고 생각하는 대신,

"남들보다 몸이 불편하다고 올림픽 금메달리스트가 되지 말라

는 법은 없잖아? 나는 할 수 있어!"

"팔이 하나 없으면 몸이 그만큼 가벼운 거니까, 나는 팔이 두 개인 사람들보다 더 빨리 공을 몰 수 있어!"

"다리가 없어도 휠체어가 있는데 못 갈 곳이 어디 있어. 나는 꼭 킬리만자로에 오르고 말 거야."라고 긍정적인 생각을 했기 때문이란다.

5 넌 어떤 생각을 가지고 있니?

"지난번에 평균 60점을 맞은 제가 다음 시험에는 평균 100점을 맞을 수 있다구요? 선생님, 그건 무리예요."

"짝꿍하고도 매일 싸우기만 하는데, 제가 어떻게 우리 반 인기짱이 될 수 있겠어요? 에이, 그렇게 되면 얼마나 좋게요."

"저는 죽어도 엄마한테 좋은 소리 못 듣고 살 거예요. 왜 그러냐고 묻지는 말아 주세요. 그건 지렁이한테 왜 땅속에서 사냐고 묻는 거나 마찬가지니까요."

혹시 이런 생각들로 가득 차 있지는 않니?

만약 그렇다면, 지금 생각을 바꿔 보자꾸나. "할 수 없어요!", "말도 안 돼요!" 등의 생각은 더러운 쓰레기를 버리듯 과감하게 버려버리고, 대신 새로운 생각으로 널 채우는 거야.

"저는 반드시 모두 100점을 맞을 거예요. 제가 못할 거라고 생각하세요? 왜요? 노력하면 저도 할 수 있어요!"

"짝꿍부터 시작해서 우리반 모든 친구들과 다 잘 지낼 거예요. 그래서 저도 인기 짱이 될 테니까, 두고 보세요. 반드시 그렇게 될 거라니까요."

"오늘 엄마한테 칭찬 받을 수 있는 일 한 가지를 할 거예요. 내일은 두 가지를 할 거구요, 모레는 세 가지를 할 거예요. 그래서 엄마가 입만 열었다 하면 제 칭찬이 쏟아져 나오도록 만들 테니까, 지켜 보세요. 아마 엄마가 절 칭찬하지 않고는 못 배기실 걸요?"

그래, 두고 봐! 머지않아 반드시 네 생각대로 될 거야!

꿈은 반드시 이루어진단다

1 치킨 좋아하니? 선생님은 치킨을 정말 좋아해. 주로 집에서 후라이드 반, 양념 반 해서 시켜 먹는데, 가끔은 KFC에 가서 먹기도 한단다.

그런데 말이야, 선생님은 대학생일 때만 해도 KFC에는 절대로 가지 않았단다. 조금 황당하다고 생각할지 몰라도, 선생님 나름대로의 국산품 애용 차원에서 그런 거였어. KFC에서 치킨을 먹으면 외국으로 로열티가 나가잖아? 그래서 '애국자인 나는 그런 짓을 절대로 할 수 없어!' 라고 생각했던 거지.

하지만 요즘은 생각이 조금 바뀌었단다. 지금은 KFC에 가서 치킨을 먹을 때마다, KFC를 만든 커넬 샌더스 할아버지께 정신적인 로열티를 지불한다고 생각하고 있어.

자, 이번에는 선생님이 그 할아버지에 대한 이야기를 들려줄게.

2 샌더스 할아버지는 65세에 그만 알거지가 되고 말았단다. 그동안 해온 사업이 폭삭 망해 버렸거든. 호호백발 샌더스 할아버지에게 남은 거라고는 낡은 트럭 한 대와 압력솥 몇 개가 전부였어.

사람들은 이렇게 말했단다.

"할아버지, 이제 그만 쉬세요. 할아버지 인생은 다 끝난 거나 마찬가지잖아요. 좋은 양로원을 소개시켜 드릴 테니 거기서 편하게 지내세요."

하지만 샌더스 할아버지는 이렇게 대답했어.

"웃기지 마, 나는 아직 늦지 않았어. 지금부터 죽을 때까지 열심히 살 거야. 내가 만든 치킨 요리를 전 세계 사람들한테 먹일 거라구. 나는 할 수 있어!"

그러고는 낡은 고물 트럭 뒤칸에다 압력솥과 치킨을 싣고 전국의 레스토랑을 찾아다니기 시작했어. 소위 말하는 치킨 프랜차이즈 사업(롯데리아나 맥도날드처럼 전국적인 가게를 가진 사업)을 시작하기 위해서였단다.

3 샌더스 할아버지는 68세가 될 때까지 미국 전역을 돌아다니면서 자신이 만든 치킨 요리를 선보였단다. 하지만 가는 곳마다 퇴짜를 맞았지. 이런 음식을 누가 먹겠느냐는 게 모든 레스토랑 주인들의 공통된 의견이었거든. 어떤 곳에서는 심한 욕설과 함께 온 몸에 설거지물을 뒤집어쓰고 쫓겨나기도 했단다.

"이런 걸 요리라고 만든 거야? 켄터키 후라이드 치킨? 흥, 웃기고 있네. 요즘 세상에 누가 이런 걸 먹어?! 에잇, 재수 없는 할아버지 같으니라구!"

그렇다면 샌더스 할아버지가 거절을 당한 레스토랑은 몇 군데나 될까? 100곳? 300곳? 500곳? 700곳? 1,000곳? 아니, 무려 1,101곳의 레스토랑에서 "이 치킨은 안 되겠어요. 아무도 먹지 않을 거라구요."라는 소리를 들어야 했단다.

4 생각해 보렴.

네가 멋진 옷을 입고 집을 나섰는데, 만나는 사람마다 이렇게 말하는 거야.

"야, 꼴이 그게 뭐냐? 그걸 옷이라고 입은 거야? 진짜 안 어울린다."

100명도 아니고 500명도 아니고 1,000명도 아니고 1,101명씩이나 되는 사람들에게 그런 소리를 들었다고 생각해 봐. 기분이 어떻겠니? 다음 날에도, 그 다음 날에도 오늘 입었던 옷을 그대로 입고 집을 나설 수 있겠니?

샌더스 할아버지의 상황이 바로 그랬단다. 하지만 할아버지는 사람들의 말에 절대로 흔들리지 않았어.

"나는 내 치킨 요리를 반드시 전 세계 사람들한테 먹일 거야. 두고 봐. 이 정도로 나는 절대 포기하지 않을 테니. 모두가 잘못 생각했다는 것을 알게 될 거야. 나의 목표는 세계 최고라구!"

샌더스 할아버지는 끝까지 도전했단다. 그리고 마침내 80세에 세계 최고의 치킨 요리사가 되었지. 샌더스 할아버지가 개발한 켄터키 후라이드 치킨은 지금 전 세계 약 80개국에서 하루에 12억 마리 이상 팔리고 있단다.

5 너는 어떤 꿈을 가지고 있니? 나중에 어떤 사람이 되고 싶니?

지금 네 마음속에 뭔가 한 가지 꿈이 있다면, 누가 뭐래도 절대로 흔들리지 말고 씩씩하게 노력하렴. 다른 사람들이 "네가 그 일을 어떻게 하니?", "너는 할 수 없어.", "너랑 어울리지 않아. 다른 걸 꿈꾸는 건 어때?"라고 이야기를 해도, 너는 절대로 상처받을 필요가 없단다. 왜냐고? 샌더스 할아버지를 봐. 네가 좋아하는 후라이드 치킨을 만들어낸 샌더스 할아버지는 너보다 훨씬 나이가 많은 65세에 꿈을 꾸기 시작했지만, 결국에는 세계 최고의 치킨을 만든 사람이 되었잖니. 모두가 무시하고 안 된다고 말렸지만, 할아버지는 자신을 믿었고 또 그만큼 끊임없이 노력해서 맛있는 치킨을 세상에 남겼잖아.

그러니까 할아버지보다 더 많은 시간과 더 건강한 몸을 가진 너는 반드시 꿈을 이룰 수 있을 거야.

잊지 마. 포기하지만 않는다면 꿈은 반드시 이루어진단다.

태양을 향해
네 꿈의 창을 던지렴

1 지금으로부터 약 20년 전, 캐나다 토론토에는 영화배우를 뽑는 오디션이란 오디션은 하나도 빠지지 않고 참석하는 두 청년이 있었단다. 그들은 세계 어디에 내놓아도 뒤지지 않을 만한 미남이었고, 연기도 매우 잘했지.

하지만 두 사람은 몇 년이 지나도록 단 한 번도 주인공 역을 맡지 못했단다. 기껏해야 친구1, 행인, 심부름꾼 같은 단역이 주어질 뿐이었어.

그리고 다시 20년의 시간이 흘렀을 때, 두 청년 중 하나인 키아

누 리브스는 〈스피드〉라는 영화를 통해 매력 넘치는 할리우드 스타로 껑충 뛰어오르더니 〈매트릭스〉로 세계적인 대배우가 되었지. 반면 다른 한 청년은 영화판에서 소리 소문 없이 사라졌단다.

그들에게는 대체 어떤 차이가 있었을까?

2 그건 '생각의 차이'였단다.

처음엔 유명한 배우가 되겠다는 커다란 꿈을 품고 영화계에 뛰어들었지만 1년이 지나고 2년이 지나고 5년, 6년이 지나도 조연은커녕 단역 신세를 벗어나지 못하고 있었을 때, 키아누 리브스는 이렇게 생각했단다.

'이건 내가 대배우로 가는 과정일 뿐이야. 나는 잘하고 있어. 오늘도 주인공한테 쫓기는 역할을 실감나게 잘했잖아? 비록 1분도 나오지 않는 분량이지만, 그래도 난 정말 혼신의 힘을 다했어. 좋아, 아주 좋아. 이렇게 계속 열심히 하면 언젠가는 반드시 주인공이 될 수 있을 거야. 나는 아주 잘하고 있어.'

반면 다른 한 사람은 이렇게 생각했단다.

'이게 뭐야? 영화판에 뛰어든 지 7년이 다 되어 가는데, 맨날 하나마나한 역할만 맡고 있잖아. 아, 역시 난 영화에 재능이 없는 거야. 그렇지 않고서야 이렇게 몇 년씩 엑스트라만 하고 있을 수는 없어. 아마 난 평생 엑스트라만 하게 될 거야. 이젠 연기하는 게 두렵다.'

똑같은 무명생활을 거치는 동안 키아누 리브스는 자신을 긍정적으로 생각했던 반면, 다른 친구는 자신을 부정적으로 생각했던 거야. 그리고 그 '생각의 차이'는 두 사람의 '미래의 차이'로 이어졌던 거란다.

3 넌 어떠니?

너 자신에 대해서 긍정적인 생각을 갖고 있니, 아니면 부정적인 생각을 갖고 있니?

비록 이제까지는 친구들이나 선생님이나 부모님께 큰 인정을 받지 못했더라도, 절대로 너 자신을 낮추어서 생각하지 말렴. 마음속에는 언제나 바다같이 넓고 하늘같이 높은 너를, 네가 상상할 수 있는 한 제일 크게 성공한 너 자신을 그리고 살아가렴.

기억해. 태양을 향해서 던지는 창이 가장 높이 올라가는 법이란다.

넌 반드시
최고의 인물이 될 거야

1 선생님은 말이야, 네가 최고의 인물이 될 거라고 믿어 의심치 않는단다. 네가 반드시 신문사나 잡지사, 방송국의 인터뷰 요청을 받는 대단한 사람이 될 거라고 믿고 있어.

"피이, 저는 공부를 별로 못하는 걸요? 그런데 제가 어떻게 인터뷰를 해요?"

"선생님, 저는 키도 작고 얼굴도 별로고 공부나 운동도 잘 못하는데요? 그래도 인터뷰를 할 수 있어요?"

"치이, 저는 잘하는 게 하나도 없단 말이에요. 아무런 특기도 없

는 저를 어떤 바보가 인터뷰를 한다고 그러세요?"

2 네가 이렇게 생각한다면, 선생님의 이야기를 들려주고 싶구나.
　선생님은 초등학교 5학년 때까지 반에서 40등 정도를 했었단다. 6학년 때에는 더 떨어져 50등에서 맴돌았지. 게다가 키는 또 얼마나 작았는지, 제일 앞자리는 언제나 선생님 차지였어. 그리고 운동? 선생님은 잘하는 운동이 거의 없는 편이야. 그중에서도 축구를 제일 못하지. 우리나라에서 남자는 축구를 못하면 군대에 갔을 때 엄청나게 고생을 하는데, 아니나 다를까 이 축구 때문에 선생님은 군대에서 얼마나 고생했는지 몰라. 그럼 특기는? 지금이야 글 쓰는 특기라도 있지만, 이건 스무 살이 넘어서야 발견한 거니까 어릴 때에는 잘하는 게 전혀 없었던 셈이지.
　아, 지금 생각났는데 선생님도 초등학생 때 특기가 몇 개 있었던 것 같아. 놀기, 먹기, 자기, 꾀병 부리기, 만화책 보기!
　자, 보렴. 선생님의 어린 시절도 너나 네 친구들과 많이 다른 건 없는 것 같지? 오히려 선생님이 더 많이 놀았고, 게으름도 더 많이 피웠고, 부모님 속도 더 많이 썩였을지 몰라. 하지만 지금 선생님은 신문에 기사가 실리고 텔레비전에서 인터뷰 요청이 들어오고 라디오 프로그램에 초청되어 이야기를 나누는 사람이 되었잖니?

그러니까, 절대 네 미래를 미리 짐작하고 움츠러들면 안 된단다. 지금 너 자신에게 뭐 하나 특별한 게 없는 것처럼 보여도, 네가 미래에 대단한 인물이 될 수 없을 거란 생각은 하지 말렴. 앞으로 커가면서 네가 언제 어떻게 어떤 대단한 인물이 될지는 아무도 모르니까 말이야. 더군다나 너는 지금 책을 읽고 있잖니! 선생님은 초등학교 때 만화책 말고는 읽은 책이 거의 없었어.

선생님이 확신하건데, 너는 선생님보다 열 배는 더 뛰어난 사람이 될 거야.

넌 반드시 최고의 인물이 될 수 있단다.

발표를 잘하는 방법

1 CNN이라는 세계적인 뉴스 전문 텔레비전 방송국에는 세계적으로 인기가 높은 〈래리 킹 라이브〉라는 프로그램이 있단다. 이 방송은 일흔 살도 넘은 래리 킹 할아버지가 세계적인 유명 인사들을 초청해서 이런저런 이야기를 들어보는 토크쇼야.

　토크쇼라는 건 진행자가 초대 손님에게 어떤 이야기를 어떻게 끌어내는가에 따라 쇼의 재미와 질이 달라지는데, 미국에서뿐만 아니라 세계 전역의 수많은 시청자들이 이 방송을 즐겨보는 걸 보면 이 할아버지가 얼마나 대단한 사람인지 알 수 있겠지?

실제로 래리 킹 할아버지는 '세계에서 제일 말을 잘하는 사람' 이라는 별명을 가지고 있단다. 좀 어려운 말로 '대담의 황제' 라고 들 하지.

그런 래리 킹 할아버지가 밝힌 '최고로 인터뷰 잘하는 비법' 은 어떤 것일까?

혼신의 힘을 다해서 자기 의견을 말하는 것? 똑 부러지게 내 생각을 이야기하는 것? 유식한 말을 거침없이 하는 것?

아니, 다 아니란다. 래리 킹 할아버지의 비법이란, 다름 아닌 '평소와 똑같이 친구에게 이야기하듯 편안하게 얘기하는 것' 이 란다.

2 이 비법은 누군가를 인터뷰할 때만 해당되는 것은 아니란다. 래리 킹 할아버지는 워낙 유명한 사람이다 보니 신문이나 잡지, 방송 등에 인터뷰 대상이 될 때가 많은데, 그때도 할아버지는 카메라가 우연히 자신을 향하고 있다고 생각한다는구나. 그러니까 긴장하거나 무리하는 일 없이 아주 편안하고 자연스럽게 인터뷰를 하게 되는 거지.

또 래리 킹 할아버지는 말이야, 세계 최고의 재담꾼이라는 찬사를 들으면서도 일흔이 넘은 지금까지 아침에 눈을 뜨자마자 제일 먼저 말하기 연습부터 한다고 해. 최정상의 자리에 선 사람이 그 일을 더 잘하기 위해 지금도 노력한다니, 정말 대단하지 않니?

스스로 말을 잘 못한다고 느낄지라도, 나는 잘할 수 있을 것이다.
스스로 생각할 때 말을 잘하는 것 같아도, 나는 지금보다 더 잘할 수 있다.
그러니 계속해서 말을 하자.

이게 바로 세상에서 제일 말을 잘하는 사람, 래리 킹 할아버지의 좌우명이란다.

3 우리 어린이 친구들이 발표하는 모습을 지켜보면, 몇 가지 공통점을 발견할 수 있단다. 뭘 그렇게 긴장했는지, 다들 두 주먹은 꼬옥 쥐고 눈은 뭔가를 잡아먹을 듯이 치켜뜬 채 목소리는 갑자기 발표용으로 바뀌어버리지. 딱 부러지게 말하는 듯하지만 실제로

보고 듣는 사람들에겐 여간 거북한 게 아니란다. 너도 그런 친구들을 보면 발표시간이 얼른 끝났으면 좋겠다는 생각을 하게 되잖아. 그렇지 않니?

그럼 왜 이렇게 말하는 사람도 듣는 사람도 불편해지게 되는 걸까?

그건 발표하는 사람이 듣는 사람을 생각하지 않았기 때문이란다. '빨리 발표하고 자리에 앉아야겠다.' 또는 '친구들한테 멋진 모습을 보여줘야지.' 라는 식으로 자기 위주의 생각만 하니까 긴장하고 힘이 들어가서 결국 어색해지는 거야.

너도 앞으로는 래리 킹 할아버지처럼 그냥 친구에게 이야기하듯 편안하게 발표해 보렴. 활짝 웃으면서, 듣는 사람이 네 이야기에 귀 기울일 수 있게 말이야.

'같은 발표를 해도 친구들이 즐거워할 수 있게 이야기해야지.'

'심각한 내용이라도 친구들이 쉽게 이해할 수 있게 이야기하면 지겨워하지 않을 거야.'

이런 식으로 상대방의 입장을 생각하면서 발표한다면, 앞으로도 더욱 말을 잘하게 될 거야.

명심하렴.
자신의 마음을 편안하게 가질 줄 아는 사람만이 남을 편안하게 해줄 수 있단다. 그리고 사람은 누군가에게 편안함을 느낄 때 그 사람을 좋아하게 되는 거란다.

시험을 앞두고
미리 걱정하지 말렴

1 세네카라는 고대의 철학자가 이렇게 말했단다.

"고통이 필요하기도 전에 고통을 겪는 사람은 필요 이상으로 고통을 겪는 사람이다."

이 말을 풀이하면, 어떤 일이 시작되기도 전에 미리 쓸데없는 생각들을 해서 자신을 괴롭히는 어리석은 짓을 하지 말라는 이야기란다.

예를 들어 네가 어떤 잘못을 저질렀다고 한다면, 너는 부모님이나 선생님께 혼나거나 그에 마땅한 벌을 받는 게 당연하겠지? 그런데 그 전에 '난 이제 죽었다.', '아빠가 아시면 더 많이 혼날 텐데 이미 알고 계실까?', '분명히 난 오늘 열 대 이상은 맞게 될 거야. 엄마가 때리면 진짜 아픈데.' 등의 생각으로 안절부절 못하면서 혼자 괴로워하지 말라는 이야기야. 미리 걱정한다고 달라질 건 없잖니? 그런 생각들로 고통스러워할 시간에 차라리 '어떻게 하면 빨리 용서받을 수 있을까?', '다음엔 절대로 그러지 말아야지.' 등을 생각하는 게 훨씬 나을 것 같구나.

2 시험 역시 마찬가지란다.

보통 시험이 다가오면 괜히 초조해지거나 불안해질 때가 있지? 그렇다고 '난 몰라. 공부를 하나도 안 했는데, 난 이제 죽었다.', '이번엔 저번보다 더 잘 보기로 약속했는데 어쩌지? 이번 시험도 망치면 진짜 많이 혼날 텐데.' 하면서 불안감을 키울 게 아니라, 시험을 보기 전까지 그저 열심히 공부를 하는 거야. 그리고 시험이 시작되면 네가 알고 있는 만큼을 집중해서 풀어내면 되는 거란다. 걱정한다고 시험 날짜가 미뤄지지도 않고, 공부가 더 잘 되는 것도 아니잖아?

다른 일도 역시 똑같단다. 세상의 어떤 일이라 해도 그 일이 네 앞에 닥치기 전까지는 마음을 편안하게 가지고 필요한 준비를 하고 있다가, 그 일이 시작되면 네가 할 수 있는 모든 것을 최선을 다해서 쏟아내면 되는 거야.

그러니까 괜한 걱정으로 네 시간을 낭비하지 말렴.
그리고 기억해. 바로 이런 마음자세가 일을 성공적으로 해결할 확률이 가장 높다는 사실을.

현명한 아이는 자신의 책임을
부모님께 돌리지 않는단다

1 앤서니 라빈스라는, 인간에 관한 연구를 아주 열심히 하는 사람이 있단다.

어느 날 이 사람은 어떤 감옥을 방문했다가 알코올은 물론 마약에까지 중독된 한 남자를 알게 되었어. 그 남자는 여러 차례 자살을 시도하다 여의치 않자 홧김에 살인을 저질러 무기징역을 선고받은 사람이었단다. 그래서 평생을 감옥에서 보내면서 그동안의 잘못에 대해 반성하며 살아야 했지.

그런데 이 남자에게는 11개월 차이로 태어나 이미 성인이 된 두

아들이 있었단다. 앤서니 라빈스는 그 두 아들을 찾아보기로 결심했어. '이런 아버지 밑에서 자란 두 아이는 지금 어떻게 살고 있을까?' 하는 호기심이 발동했거든. 그리고 결국 두 사람을 만나게 되었단다.

그런데 두 아들 중 형은 자신의 아버지와 똑같이 술과 마약에 찌들어 살다가, 살인미수를 저질러 감옥에서 복역 중인 상태였어. 하지만 동생은 마약은 물론 술 한 방울 입에 대지 않는 사람이었고, 사회적으로 아주 성공한 삶을 살고 있었단다. 집에서는 자녀들에게 자상하기 이를 데 없는 아버지였으며 직장에서는 최고의 인기남이었지.

서로 너무나도 다른 삶을 살아가고 있는 형제의 모습에 심한 충격을 받은 앤서니 라빈스는 두 사람에게 각각 이렇게 질문을 던졌단다.

"당신은 어떻게 이런 인생을 살게 되었습니까?"

그랬더니 두 사람 모두 똑같이 반문했어.

"알코올 중독에 마약 중독자인 아버지 밑에서 자란 제가, 이렇게 살지 않고 어떻게 살 수 있었겠습니까?!"

2 너도 부모님께 어느 정도는 불만을 가지고 있지?

사실 선생님도 부모님께 불만이 있단다. 그래, 어떻게 보면 누구나 다 약간씩은 부모님을 향한 불만을 품고 사는 것 같아.

때문에 선생님은 너에게 부모님께 효도해야 한다, 부모님께 잘 해야 한다는 등의 말을 하고 싶지는 않아. 선생님 역시 아직은 부모님께 잘 못하고 있는 아들이니까. 대신, 너에게 이런 말을 해주고 싶단다.

"현명한 아이는 자신의 책임을 부모님께 돌리지 않는단다."

3 많은 친구들이 흔히 이런 생각을 하는 것 같더구나.

'엄마가 ○○ 학원만 보내주면 나도 공부 잘할 수 있는데.'

'엄마가 내 마음을 조금만이라도 알아주면 나도 집에서 잘할 텐데.'

'우리 집이 잘 살면 나도 친구들한테 인기를 끌 수 있을 텐데.'

'아빠가 운동만 시켜주면 나도 살 뺄 수 있는데.'

하지만 현명한 아이는 이렇게 생각한단다.

'에이, 학원은 무슨. 좋은 학원 좀 안 다니면 어때. 비싼 학원 안 다녀도 1등 하는 애들 많기만 하더라, 뭐. 학원이나 과외선생님이 중요한 게 아니라 걔들처럼 공부를 열심히 하겠다는 내 의지가 중요한 거야. 아자!'

'엄마 아빠가 내 맘을 몰라줄 수도 있는 거야. 나도 엄마 아빠 마음을 잘 모르니까. 그래! 내가 먼저 엄마 아빠의 마음을 알려고 노력하면, 부모님도 날 기특하게 여기시면서 더 사랑해 주시지 않겠어?'

'집이 잘 사는 거, 집 평수가 몇 평이라는 거, 아빠 차가 어떤 차라는 건 친구 관계에 아무런 영향도 끼치지 않아. 그런 것 때문에 친구를 가려서 만드는 아이라면 진짜 친구가 될 수 없을 거야. 만약 우리 집이 좀 힘들어지면 곧바로 나를 모른 척할 테니까. 내가 친구들한테 인기가 적은 건, 내가 친구들보다 나 자신을 더 많이 생각하기 때문일 거야. 앞으로는 나보다 친구들을 더 많이 생각하려고 노력한다면, 지금보다 더 많은 친구들을 사귈 수 있을 거야.'

'살은 아빠도 엄마도 선생님도 그 누구도 나 대신 빼줄 수 없어. 오늘부터 햄버거, 과자, 콜라 같은 거 그만 먹고 하루에 단 10분이라도 열심히 달릴 거야. 그럼 살은 금방 빠질 거야.'

네가 충분히 할 수 있는 일을 가지고 부모님께 그 책임을 돌리지 말렴. 그것은 너 자신을 망치는 일이란다.

　참고로 선생님이 지켜본 결과에 따르면, 언제나 인기 투표에서 상위 5등을 차지한 친구들은 모두 아파트 평수 따위와는 전혀 상관이 없었단다. 모두 자신보다 친구들을 더 생각해 주는 착한 마음씨를 가진 아이들이었지. 아파트 평수 같은 건 인기 순위에 아무런 영향을 미치지 못했어. 최고급 빌라에 살던 아이가 인기 순위에서 꼴찌를 차지한 적도 있었으니까.

　선생님을 믿으렴! 네가 사는 집은 네 것이 아니잖아? 네가 가진 것으로 너만의 매력을 살리면 된단다.

　선생님의 말을 잊지 마. 현명한 아이는 자신의 책임을 절대로 부모님께 돌리지 않는단다.
　자신의 책임은 오직 자신이 지는 거야.

지금 네가 하고 있는 생각이 쌓여서 네 미래를 만든단다

1 '4분, 1마일 경주'라고 들어 보았니? (1마일은 약 1.6킬로미터를 뜻한단다.)

육상계에서는 "인간이 1마일을 4분 안에 주파한다는 것은 절대 있을 수 없는 일이다."라는 의견이 오랫동안 정설(일정한 결론이 내려져 이미 확정하거나 인정한 견해, 이야기)로 받아들여져 왔단다. 다시 말해, 육상선수를 비롯해 육상계에 종사하고 있던 모든 사람들이 그것을 불가능한 일로 생각하고 있었다는 이야기지.

그런데 로저 베니스터라는 사람이 이 정설에 과감히 도전장을 내밀었단다.

 "왜요? 왜 할 수 없대요? 말도 안 돼! 그건 분명히 할 수 있는 일이에요. 내가 해내겠어요!"

 그리고 그는 자신의 몸에 맞는 훈련 방법을 고안하는 등 충분한 훈련을 거쳐 경주에 도전했고, 결국 1954년에 '마의 4분'을 깨버렸단다.

2 그러자 육상계에서는 난리가 났고, 그때부터 줄줄이 재미있는 일들이 벌어지기 시작했단다. 로저 베니스터가 성공을 거둔 지 6주 만에 호주의 존 랜디가 1마일을 4분 안에 달렸는가 하면, 1년 뒤에는 37명의 선수들이, 다음 1년 뒤에는 무려 300여 명의 선수들이 '4분, 1마일 경주'에 성공했거든. 참고로 말하자면 이들은 모두 로저 베니스터가 성공하기 전에는 1마일을 4분 안에 달린다는 것을 꿈에도 생각하지 못하던 사람들이었어.

 그럼 이 사람들은 어떻게 4분의 높다란 장벽을 뛰어넘을 수 있었을까? 그것도 한두 명도 아닌 300명이 넘는 사람들이 말이야.

 이것은 단순히 그들의 실력이 향상되었기 때문만은 아니란다.

그들은 그동안 인간이 4분의 벽을 돌파한다는 것은 절대 불가능한 일이라는 '잘못된 생각'에 사로잡혀 있었어. 그런데 로저 베니스터가 그런 생각을 산산이 깨뜨려버리자 자신도 할 수 있다는 '새로운 생각'을 하게 되었단다. 그리고 그 생각대로 1마일을 4분 안에 주파하게 된 거지. 참고로 오늘날에는 이 경주를 하면 열 명 중 여덟 명이 1마일을 4분 안에 달린단다.

3 선생님은 바란단다. 네가 '난 못해'라는 잘못된 생각의 노예가 되지 않기를. 지금 가지고 있는 '불가능해'라는 생각은 머릿속에서 깨끗하게 지워버리기를.

기억하렴. 네 미래는 지금 네가 하고 있는 생각들이 쌓여서 만들어진단다.

행복한 사람이란

1 사람은 어떻게 하면 행복해질 수 있을까?

세계적인 미인이나 미남이 되면 행복할까? 세계적인 부자가 되면 행복할까? 세계적으로 유명해지면 행복할까?

아니란다. 세계 최고의 미인 또는 미남이라는 인정을 받고도, 세계에서 손꼽히는 부자가 되고도, 세계적으로 유명한 사람이라도 스스로를 불행하다고 느낀 나머지, 마약에 빠지거나 정신병자가 되거나 심지어는 스스로 목숨을 끊은 사람들이 셀 수 없이 많단다.

그럼 어떤 사람이 행복한 사람일까?

그동안 자기에게 일어났던 모든 일 중에서 나쁜 것보다 좋은 것을 더 많이 생각할 줄 아는 사람,
'옛날에 어떤 일이 있었지' 라고 생각하는 대신 지금 이 순간의 일을 소중하게 받아들이고 감사할 줄 아는 사람,
'앞으로 어떤 일이 일어났으면 좋겠다' 라고 생각하는 대신 현재를 즐기고 지금 내 곁에 있는 사람들과 웃으면서 살 줄 아는 사람,
사람은 행복한 일 때문에 행복해지는 게 아니라 '나는 이미 행복하다' 는 믿음을 가질 때 진정으로 행복해진다는 것을 아는 사람,
자기 자신을 다른 사람과 비교하지 않는 사람,
내 옆에 있는 사람들의 단점 대신 장점을 보는 사람,
주변 사람들에게 진심 어린 칭찬을 할 줄 아는 사람.

바로 이런 사람이 행복한 사람이란다.

네 컴퓨터의 전원을 항상 켜두렴

1 세상에서 가장 뛰어난 컴퓨터는 어디에 있을까?

삼성전자 연구실에 있을까? 아니면 마이크로소프트사 연구실? 그것도 아니면 하버드 대학교 컴퓨터실에 있을까?

아니, 모두 다 아니란다.

놀라지 말렴. 세계에서 가장 뛰어난

컴퓨터는 네 머릿속에 있단다. 사람들은 그걸 가리켜 '두뇌' 라고 부르지.

그럼 네 두뇌와 비슷한 성능의 컴퓨터를 만들려면, 지구에서 가장 좋은 성능의 컴퓨터가 몇 대나 필요할까? 63빌딩을 가득 채울 정도의 컴퓨터가 필요한데, 그것도 무려 한 채가 아닌 삼사십 채의 63빌딩을 가득 채울 수 있어야 한단다.

쉽게 말해서 네 머릿속에는 최고급 사양의 컴퓨터 수억 대를 대체할 수 있을 정도의 초소형 컴퓨터가 한 대 들어 있는 거란다.

2 그런데 넌 왜 늘 바보 같은 짓을 할까? 엄마한테든 선생님한테든 늘 꾸중만 듣고, 성적은 또 왜 항상 제자리인 걸까?

그건 네가 아직 네 두뇌 컴퓨터의 전원을 켜지 않았기 때문이란다. 우리가 사용하는 일반 컴퓨터도 코드를 꽂고 스위치를 눌러 전원을 켜야 사용할 수 있잖아.

그렇다면 네 두뇌 컴퓨터의 전원을 켤 수 있게 만드는 스위치는 무엇일까? 바로 '나는 할 수 있다.' 라는 생각이란다. 그럼 컴퓨터를 꺼지게 만드는 스위치는? '난 안 돼. 나는 할 수 없어.' 라는 생각이야.

앞으로는 어떤 어려움이 있어도 "나는 할 수 있다!"라고 외치면서 끝까지 도전하렴. 네 두뇌 컴퓨터의 전원을 항상 켜둔 채, 끄는 방법은 영원히 잊어버리는 거야. 초등학교 때 꼴찌, 저능아란 소리를 듣고 살았던 에디슨, 아인슈타인, 처칠은 두뇌 컴퓨터를 켤 줄만 알았고 끌 줄은 몰랐기 때문에 천재가 되었단다.

지금 당장 "나는 할 수 있어!"라고 외쳐 봐. 네 두뇌 컴퓨터에 불이 반짝 하고 들어올 거야.

네 생각의 크기가
네 미래를 결정한단다

1 일본에는 '코이' 라는 잉어가 있단다. 이 잉어는 작은 수족관에서 기르면 많이 자라야 10센티미터 정도밖에 자라지 않지만, 연못에 놓아 기르면 30센티미터까지도 자란단다. 그럼 똑같은 코이를 넓고 깊은 강에 방류한다면 어느 정도까지 자랄 수 있을까? 무려 1미터 30센티미터까지도 자라고, 심지어는 어른 키만큼 자라는 놈들도 있다는구나.

2

옛날에 막일을 하면서 생계를 잇던 세 명의 청년이 있었단다.

한 청년은 늘 이렇게 생각했어.

"막노동이나 하는 신세, 앞날도 뻔하지."

다른 청년은 이렇게 생각했어.

"비록 지금은 막노동을 하면서 살고 있지만, 언젠가는 아이들을 가르치는 선생님이 될 거야."

또 다른 청년은 이렇게 생각했어.

"사나이의 가슴은 바다보다 넓어야 한다. 나는 반드시 세계를 주름잡는 대사업가가 되고 말 거야."

그로부터 수십 년의 세월이 흘렀단다. 첫 번째 청년은 여전히 막일을 하면서 살고 있었지만, 두 번째 청년은 중학교 선생님이, 세 번째 청년은 세계를 주름잡는 대사업가가 되어 있었단다.

3 지금 네 안에는 '미래'라는 잉어가 한 마리 살고 있단다. 네 미래는 마치 코이처럼 네가 꿈꾸는 생각의 크기만큼만 자라게 되지.

그러니까 수족관만하고 연못만한 네 생각의 크기를 바다보다 더 넓고 깊게, 하늘보다 더 높고 넓게 키워야 한단다. 언제나 네가 존경하는 누군가보다 100배는 더 위대한 사람이 되겠다고 생각하렴. 그리고 어떤 상황에서도 그 생각을 포기하지 말고 굳게 붙들어야 해.

네 미래는 단순히 부모님이나 선생님이 결정하는 것도 아니고, 성적이 결정하는 것도 아니란다.

코이라는 잉어의 길이를 물의 양이 결정하듯이, 네 미래의 크기는 네 생각의 크기가 결정한단다.

99%의 생각 대신
1%의 생각을 하렴

1 옛날 어떤 성당 건축 현장에서 일하던 세 사람이 있었단다.

하루는 세 사람이 일찌감치 점심을 먹은 후 그늘에서 쉬고 있는데, 그 곁을 지나던 한 사람이 그들에게 이런 질문을 던졌어.

"당신들은 왜 여기서 일을 하고 있소?"

그러자 첫 번째 사람이 대답했어.

"아내가 돈을 벌어 오라고 시키기에 여기서 일을 하오."

뒤이어 두 번째 사람도 대답했지.

"사람은 누구든 일을 해야 하지 않소. 나는 사람들이 누구나 일

하니까 나 역시 일을 하오."

그리고 마지막으로 세 번째 사람이 대답했단다.

"나는 대건축가가 되고 싶다는 꿈을 가진 사람이라오. 지금 우리가 짓고 있는 성당은 세상에서 가장 아름다운 성당이오. 나는 이 아름다운 성당의 건축 기술을 배우기 위해서 일을 하오."

마지막 사람의 이야기가 끝나자마자 다른 두 사람은 뒤로 벌렁 넘어지더니 배를 잡고 데굴데굴 구르면서까지 웃어댔단다. 그러고는 벌떡 일어나서 소리쳤어.

"뭐? 막노동이나 하는 당신이 대건축가가 된다고? 웃기고 있네! 얼른 꿈 깨는 게 좋을 거요!"

그리고 수십 년의 세월이 흘렀을 때, 그 세 사람 중 첫 번째 사람과 두 번째 사람은 여전히 공사 현장을 찾아다니면서 하루하루 일을 구하고 있었어. 그러던 어느 날, 두 사람은 어떤 대성당 신축 공사 현장의 인부로 일을 하게 되었는데, 그곳에서 아주 낯익은 한 남자를 만나게 되었단다. 그 남자는 다름 아닌, 그 옛날 두 사람이 실컷 비웃고 면박을 주었던 세 번째 사람이었어.

그 남자는 예전에 소신 있고 당당하게 말했던 자신의 꿈 그대로, 성당 신축 공사 현장의 최고 감독관이 되어 있었지. 선생님이 지어낸 이야기가 아니냐고? 아니, 실제로 있었던 이야기란다.

2 대한민국에는 약 400만 명의 초등학생이 있단다. 이들은 매일같이 공부를 하고 있지.

하지만 이중에 90퍼센트는 엄마가 시켜서 공부를 하고, 9퍼센트는 남들이 공부하니까 그냥 따라서 공부한단다. 그러니까 우리나라 초등학생의 99퍼센트는 아무 생각 없이, 그저 '공부'라는 걸 하고 있을 뿐인 거야.

하지만 애야, 1퍼센트는 다르단다. 그 1퍼센트의 아이들은 이미 초등학교 1학년 때부터 빛나는 꿈을 세우고 그 꿈을 이루기 위해 매일 자신을 발전시키려고 노력한단다.

이삼십 년 후에 1퍼센트의 아이들과 99퍼센트의 아이들은 어떻게 달라질까? 99퍼센트의 아이들은 1퍼센트의 아이들 밑에서 부하 직원으로 일하게 된단다. "에이, 설마요!"라고 말하고 싶니? 기분이 나쁘다고? 하지만 실제로 대다수의 어른들이 지금 그렇게 살고 있단다.

오늘부터 99퍼센트가 하는 생각 대신, 단 1퍼센트의 생각을 하렴. 그래야 너는 네가 그린 모습 그대로의 빛나는 삶을 살게 된단다.

최고가 된 너의 모습을
생생하게 그리렴

1 세계에서 가장 큰 중국 음식점을 경영하는 사람은 다름 아닌 우리나라의 남상해 할아버지란다. 하지만 이 분은 원래 어마어마한 부자도 아니었고, 중국 요리에 정통한 요리사도 아니었단다. 젊은 날 자장면 배달을 하던 분이었지. 그럼 어떻게 해서 그렇게 커다란 중국 음식점을 운영하게 되었을까?

그건 바로 '생각의 힘' 때문이었단다.

할아버지는 자장면을 배달할 때에도 머릿속으로는 늘 자신이 세계 최고의 중국 음식점 주인이 되어 있는 모습을 그렸다고 해.

얼마나 그 생각만을 했던지, 그 꿈을 이루지 못한다면 차라리 죽어버리는 게 낫다고까지 생각하셨다는구나.

2 남상해 할아버지의 청년 시절 이야기란다.

전국에서 겨우 다섯 명을 뽑는 국가 요리사 시험이 있었는데, 할아버지를 포함해서 무려 300명이 넘는 응시자가 몰린 거야. 여기서 다섯 손가락 안에 들려면 어떻게 해야 할까? 집 밖에는 나가지도 않고, 오직 요리 연습만 해야겠지?

그런데 안타깝게도 할아버지에게는 그럴만한 시간이 없었단다. 하루 종일 자장면을 배달해야 했기 때문에 요리 기구 한 번 잡

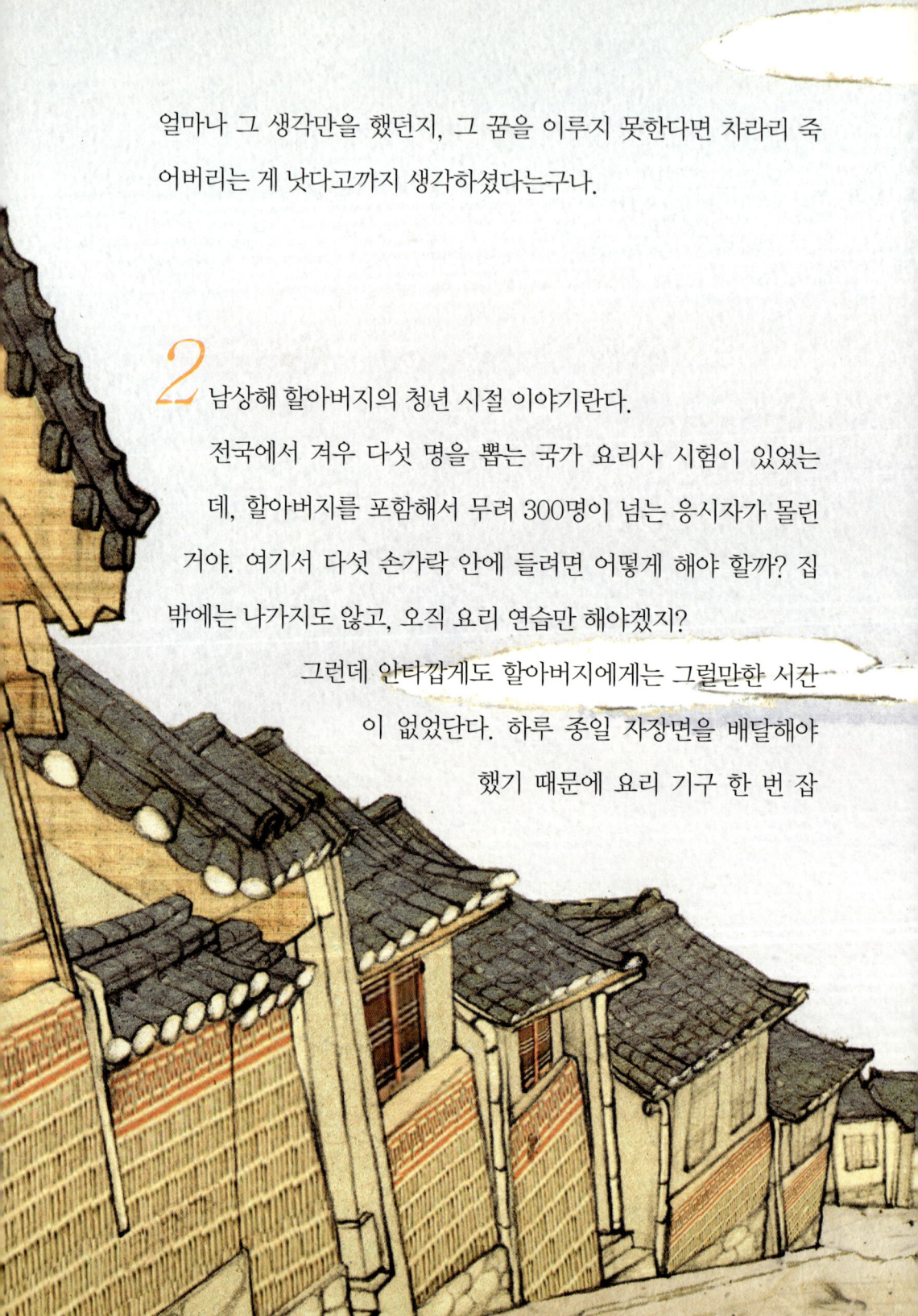

아볼 짬이 나지 않았거든. 그래서 결국 할아버지는 아무런 연습도 하지 못한 채 시험장에 들어가게 되었단다. 하지만 깜짝 놀랄만한 일이 벌어졌어. 남상해 할아버지가 거의 완벽에 가까운 요리 솜씨를 선보여서 295명이 넘는 사람들을 제치고 당당히 합격자 명단에 이름을 올리게 된 거야.

도대체 어떻게 이런 결과가 나올 수 있었던 걸까? 그건 바로 '생각의 힘'이 있었기 때문이란다.

할아버지는 직접 요리 실습을 할 수 없게 되자, 대신 생각만으로 시험을 준비하기로 했어. 머릿속으로 한 단계 한 단계 모든 상황을 그려 보는 거였지. 요리 시험장에 들어가서 요리 기구를 꺼내고, 요리 재료를 다듬고, 기구에 재료를 넣고, 지지고 볶고, 간을 맞추고, 그릇에 예쁘고 맛있게 담아내는 일련의 과정을 하루에도 수백 수천 번씩 머릿속으로 생각하고 생각하고 또 생각했단다. 그 결과, 실제 시험장에서도 까다로운 심사위원들의 입맛을 사로잡는 놀라운 요리를 만들어낼 수 있었던 거란다.

레프 니콜라예비치 톨스토이
Lev Nikolaevich Tolstoi

알버트 아인슈타인
Albert Einstein

3 생각의 힘을 사용해서 놀라운 일을 해낸 사람은 남상해 할아버지뿐만이 아니란다. 위대한 작가 톨스토이, 천재 물리학자 아인슈타인, 천재 화가

피카소, 영화 터미네이터 시리즈로 유명한 아놀드 슈왈제네거 등등 세계적으로 유명한 사람들은 하나도 빠짐없이 '생각의 힘'을 사용했단다.
　사실 이 힘은 너 역시 사용하고 있단다. 수업시간 발표를 앞두고, 체육시간 뜀틀 시험을 앞두고, 태권도 심사를 앞두고, 잘하고 싶은 마음에 또는 혹시 실수하게 되지는 않을까 하는 두려운 마음에 발표를 하거나 심사를 받는 네 모습을 가상으로 그려 보지 않니? 이게 바로 남상해 할아버지나 유명한 위인들이 사용한 생각의 힘과 똑같은 것이란다.

파블로 피카소
Pablo Ruiz Picasso

아놀드 슈왈제네거
Arnold Alois Schwarzenegger

　그런데 왜 네가 사용한 힘은 대단한 힘을 발휘하지 못하는 걸까?
　그건 네가 그 힘을 기껏해야 몇 번 밖에 사용하지 않았기 때문이야. 생각의 힘은 하루에 수백 수천 번씩 사용할 때라야만 그 효과를 볼 수 있단다. 물론 지금부터 그 힘을 하루에 수백 번, 수천 번씩 사용할 수는 없겠지. 하지만 하루에 열 번 이상은 사용할 수 있을 테니까, 지금부터 사용해 보자꾸나.

장차 네가 되고 싶은 인물을 하루에 열 번 이상씩 마음속에 그려 보렴. 발표 숙제나 태권도 심사, 체육 시험이 있을 때면 그것들을 최고로 잘 해내는 너의 모습을 하루에 백 번 이상 마음속으로 그려 보는 거야.

그럼, 오래지 않아 반드시 놀라운 결과를 얻을 수 있을 거란다.

하나님께서는
네가 감당하지 못할 시련은
주시지 않으신단다

1 랜스 암스트롱은 '기적'과 '인간 승리'라는 말에 아주 잘 어울리는 위대한 사이클 선수란다. 그는 한창 나이인 스물다섯에 자신이 암에 걸렸다는 사실을 알게 되었어. 그에게 생겼던 고환암은 살아날 가능성이 50퍼센트밖에 되지 않는 무서운 병이었지. 시간이 갈수록 기침을 하면 피가 쏟아져 나오기 일쑤였고, 쉽게 피로해진 나머지 눕기만 하면 이내 죽은 사람처럼 곯아 떨어졌어. 랜스 암스트롱의 몸이 점점 약해지는 순간에도 암세포는 꾸준히 번식해 폐를 갉아먹었고, 이어 뇌까지 침투했단다.

암스트롱을 검사한 모든 의사들은 이렇게 이야기했어.

"암세포가 곧 뇌를 갉아먹게 될 겁니다. 그러면 암스트롱은 죽게 될 것입니다."

하지만 이 말을 들은 암스트롱이 뭐라고 했는지 아니?

"난 암 따위에 무너지지 않아. 이봐, 암세포들아. 너희는 사람을 잘못 골라도 한참 잘못 골랐어."

이렇게 모든 의사들의 진단과 암세포를 비웃은 암스트롱은, 한쪽 고환과 뇌조직 일부를 떼어낸 몸으로 마치 아무 일도 없었던 것처럼 다시 사이클을 타고 맹훈련에 돌입했단다. 하지만 환자의 몸으로 그 고된 훈련을 견디기란 쉽지 않은 일이었어.

그러던 어느 날 암스트롱은 훈련을 하다가 정신을 잃었고, 마주 오던 차와 충돌하여 뇌진탕을 일으키게 되었단다. 그러나 그는 뇌진탕을 치료받자마자 다시 벌떡 일어나서 사이클을 탔단다.

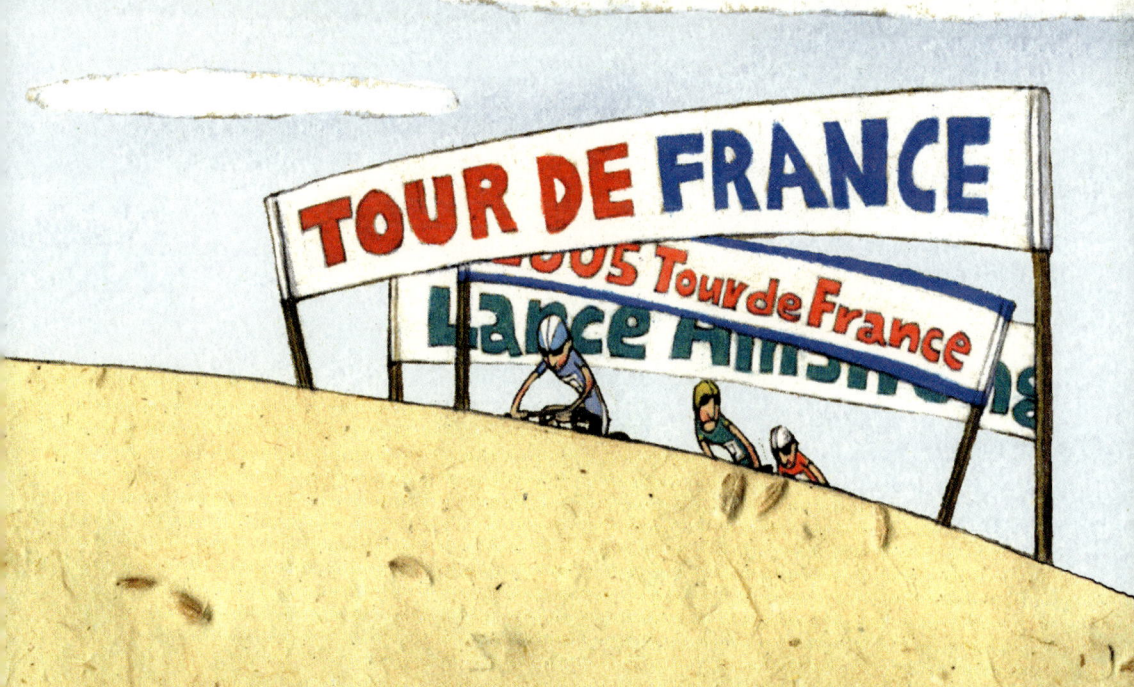

2 과연 암스트롱은 어떻게 되었을까?

병을 발견한 지 약 3년 뒤에 열린 사이클 경주에서 그는 결국 챔피언이 되고야 말았단다. 기적처럼 암도 깨끗이 나았고 말이야.

랜스 암스트롱은 인간 한계의 시험장이자 죽음의 레이스로 불리는 '투르 드 프랑스' 사이클 대회에서 1999년부터 2005년까지 우승을 차지해 대회 101년 역사상 최초로 7연패라는 금자탑을 이룩했고, 현재도 사이클 선수로 활약하고 있단다. 사람들은 그를 '사이클의 황제'라고 부르지.

선생님은 네가 암스트롱 같은 사람이 되기를 바란단다. 어떤 어려운 일이 닥쳐와도 "난 이 따위에 무너지지 않아, 넌 사람을 잘못 골랐어!"라고 말하면서 그 어려움을 멋지게 극복하는 사람이 되길 바란단다.

기억하렴.
하나님께서는 네가 감당하지 못할 시련은 절대로 주시지 않으신단다.

기분 나쁜 일이 생겨도
즐겁게 받아들이자꾸나

1 지금으로부터 약 80년 전에 있었던 일이란다.

두 탐험대가 각각 남극과 북극을 향해 떠나게 되었어. 영국의 탐험대는 인듀어런스 호를 타고 최초로 남극 대륙을 횡단할 계획이었고, 캐나다 탐험대는 칼럭 호를 타고 얼어붙은 북극 지역을 탐험할 계획이었어. 하지만 항해를 시작한 지 얼마 후, 공교롭게도 두 탐험대의 배가 모두 빙벽에 갇히는 사고가 발생하고 말았어. 그때부터 두 탐험대는 생존을 위한 처절한 사투를 벌여야 했단다.

그로부터 한 달이 지났을 때, 칼럭 호의 대원들은 극도의 공포에 사로잡힌 나머지 폭동을 일으켰고, 서로를 칼로 찌르고 죽이는 참극을 벌인 끝에 결국 전원이 사망하는 비극을 낳게 되었단다. 반면 인듀어런스 호의 대원들은 얼음 속에서 무려 634일을 생활한 뒤에 전원이 무사히 귀환하는 기쁨을 맛볼 수 있었어.

대체 두 탐험대에는 어떤 차이가 있었던 걸까?

2 인듀어런스 호의 대원들에게는 '나쁜 일도 즐겁게 받아들이려는 마음'이 있었던 반면, 칼럭 호의 대원들에게는 그런 마음이 없었단다.

배가 얼음 속에 갇히자 인듀어런스 호의 대원들은 매일 밤 얼음 빙판 위에서 아이스하키 경기를 하고 얼음 축구를 했는가 하면, 매주 토요일에는 콘서트를 벌였고, 매달 한 번씩 축제를 벌이기도 했단다. '어쩔 수 없다면 차라리 즐기자.'라고 생각했던 거야.

물론 그 상황은 절대 즐길 수 있는 상황이 아니었단다. 식량이 다 떨어졌기 때문에 그들은 바다표범이나 물개 같은 것들을 잡아서 날 것으로 먹어야 했고, 모두들 동상에 걸려 손가락과 발가락이 곱아드는 고통을 겪어야 했거든. 나중에는 배가 부서져 얼음 위에서 텐트를 치고 생활해야 했는데, 매일 아침마다 등에 얼음물이 축축하게 젖은 상태로 깨어나야 했지. 한마디로 그들은 이런 끔찍한 상황 속에서 일부러 모든 일을 즐겁게 생각하면서 견뎌낸 거란다.

반면 칼럭 호는 인듀어런스 호에 비해 훨씬 나은 상황이었는데도 불구하고, 다들 부정적으로만 생각하다 보니 "우린 여기서 죽고 말 거야."라고 말하면서 서로 식량을 감추고 빼앗는 상황이 발생했단다. 그러다가 싸움이 생겼고, 그 일이 대규모 폭동으로 번져서 모든 선원이 죽는 비극적인 최후를 맞게 된 거야.

3 우리도 위의 경우와 흡사한 것 같지 않니?

부모님이나 선생님께 꾸중을 듣거나 친구에게 기분 나쁜 말을 들으면, 마음이 상하면서 화가 치솟아 오르잖아. 그때 마음을 다스리고 '혼날 때도 있지 뭐. 혼날 만 했으니까 혼난 거 아니겠어?'라든지 '뭐 기분 나쁜 일이 있었나 보네? 우리 사이에 맘 상할 거 없지 뭐.' 라고 긍정적으로 대처하면 어떨까? 시간이 조금 지나면 기분도 점점 나아지게 되고 부모님이나 선생님, 친구에게 섭섭했던 마음도 금세 사라지겠지?

하지만 반대로 마음이 상했다고, 화가 났다고 있는 그대로 말하고 행동하면 어떻게 될까? 아마 부모님이나 선생님께는 더 크게 혼나게 되고, 친구와는 영영 사이가 멀어지게 될 거야. 마치 칼럭 호의 대원들처럼 말이야.

  즐거운 일이 있어야만 즐거워하는 태도는 그리 바람직한 태도가 아니란다. 지혜로운 사람은 인듀어런스 호의 대원들처럼, 정말 받아들이기 힘든 나쁜 일까지도 즐겁게 받아들이는 사람이야.

  앞으로는 기분 나쁜 일이 있더라도 즐겁게 받아들여 보렴. 일부러 네 생각들을 긍정적으로 만들어 봐. 그럼 진짜로 좋은 일들이 많이 생길 테니까.

착한 늑대에게 먹이를 주렴

1 옛날에 한 지혜로운 인디언 추장이 있었단다. 그는 어느 날, 손자를 앞혀놓고 이런 이야기를 했어.

"얘야, 우리 마음속에는 늑대 두 마리가 살고 있단다. 한 마리는 매우 악한 녀석이라 화, 질투, 슬픔, 후회, 욕심, 거만, 거짓, 이기심, 열등감 같은 나쁜 것들만 가지고 있는 놈이지. 다른 한 마리는 매우 착한 늑대란다. 녀석은 기쁨, 평안, 사랑, 소망, 인내, 겸손, 친절, 진실, 믿음 같은 좋은 것들만 가지고 있단다."

할아버지의 이야기에 가만히 귀를 기울이던 손자는 동그랗게

눈을 뜨고 이렇게 물었어.

"그럼 두 마리 중 어떤 늑대가 이기나요?"

그러자 지혜로운 추장은 이렇게 답했지.

"우리가 먹이를 주는 놈이 이긴단다."

2 화가 날 때 화를 내는 대신 참아 보렴.

울고 싶을 때는 우는 대신 웃어 보렴.

후회스러울 때 후회하는 대신 배울 점을 찾아 보렴.

거짓말로 위기를 넘기고 싶을 때는 솔직하게 털어 놓고 사람들의 신뢰를 얻어 보렴.

나만 생각하고 싶을 때 꾹 참고 옆에 있는 사람들을 생각해 보렴.

짜증날 때 짜증내는 대신 차근차근 해결책을 생각해 보렴.

그때 넌, 네 마음속에 있는 착한 늑대에게 먹이를 주게 되는 거란다.

세상에서 가장 무서운 사람은
노력하는 사람이란다

1 맨주먹으로 바위를 두 동강내고, 단숨에 손날을 이용해서 황소의 뿔을 꺾었으며, 젊은 시절 가끔씩 전봇대를 앞에 두고 정권지르기 연습을 할 때면 그때마다 전봇대에 구멍이 뻥뻥 뚫렸다는 최강의 파이터. 세계 수십 개국의 강자들과 겨뤄서 단 한 번도 패한 적이 없다는 전설의 무술 고수. 전 세계적으로 2,000만 명이 넘는 제자들을 거느린 극진가라데의 창시자.

누구의 이야기인지 아니? 바로, 전설적인 일화를 수도 없이 남겼던 '바람의 파이터' 최배달 씨의 이야기란다.

그런 이 분이 살아생전에 이런 말을 남겼단다.

"무술에는 '3·3·3의 법칙'이 있습니다. 한 가지 동작을 300번 따라하면 그 동작이 몸에 익게 되고, 3,000번을 따라하면 하수를 상대로 써먹을 수가 있게 되고, 3만 번 따라하면 어느 상황에서도 자유자재로 사용할 수 있습니다. 저는 바로 이 3·3·3의 법칙을 실천한 덕택에 세계 최강의 무술인이 될 수 있었습니다."

2 현재 타이거 우즈는 세계에서 골프를 제일 잘하는 사람으로 정평이 나 있단다. 이제까지 선수생활 동안 세계 4대 메이저 대회를 모두 제패한 프로 골퍼는 단 다섯 명에 불과한데, 그중 가장 최근에 그랜드슬램(4대 메이저 대회 석권)을 달성한 선수이자 최연소 그랜드슬래머가 된 선수가 바로 타이거 우즈야. 겨우 그의 나이 24세의 일이었지. 그리고 그는 프로 데뷔 10년 만에 PGA 사상 최연소 50승을 달성하면서 프로 골프의 역사를 새롭게 써 나가는 중이란다. 타이거 우즈 자체가 프로 골프의 새로운 역사가 되고 있는 셈이지.

하지만 타이거 우즈도 처음부터 천부적인 재능을 타고난 건 아

니었단다. 다만 세상 그 누구도 따라올 수 없을 만큼의 무시무시한 노력을 했기 때문에, 모두가 인정하는 '골프 황제 타이거 우즈'라고 불리게 된 거야.

타이거 우즈가 얼마나 열심히 노력하는 선수인가를 알 수 있는 일화 하나를 소개할까? 그와 함께 PGA에서 활약하고 있는 세계적인 프로 선수 최경주에게 한 기자가 물었단다.

"최경주 선수, 당신은 PGA 선수들 중에서도 연습량이 많기로 아주 유명한 선수인데 왜 항상 타이거 우즈가 더 좋은 성적을 내는 겁니까?"

그러자 최경주 선수가 뭐라고 대답했는지 아니?

"저도 연습을 많이 합니다만, 아직은 타이거 우즈가 저보다 더 많이 연습하고 있습니다. 그래서 그 선수가 저보다 더 좋은 성적을 내는 것입니다."

놀랍지 않니? 세계에서 골프를 가장 잘 쳐서 '골프 황제'라고까지 불리는 타이거 우즈가, 세상 그 어떤 선수보다 더 열심히 연습을 한다는 사실이 말이야.

세상에서 가장 무서운 것은 엄마도 귀신도 아닌, 바로 '노력'이란다. 노력은 아무것도 아닌 사람을 세계 최고의 존재로 만들어 줄 수 있으니까.

3 벤자민 블룸이라는 교수는 제자들과 함께 이런 조사를 한 적이 있단다.

"세계적으로 성공한 피아니스트, 조각가, 수학자, 과학자, 올림픽 선수, 테니스 선수들은 어떻게 해서 최고의 위치에 오를 수 있었을까? 타고난 재능 덕택이었을까, 아니면 노력 때문이었을까?"

답은 '노력'으로 나왔단다.

벤자민 블룸 교수팀이 연구 조사한 바에 따르면, 각 분야에서 세계적으로 성공한 사람들 모두가 남다른 재능이 있었던 건 아니었단다. 다만 그 누구보다 열심히 꿈꾸고 열심히 노력했던 사람들이었어. 초등학교 때부터 시작해서 짧게는 14년부터 많게는 17년까지, 하루 평균 10시간 이상을 연습하고 공부했던 사람들이었지.

명문 대학을 다니는 학생들의 공통점 역시 '높은 지능'이 아닌 '노력'이란다. 선생님은 지난 10여 년간 국내 명문대학에 입학한 1,000명의 학생들을 대상으로 공부 습관을 조사한 적이 있는데, 그들에게는 딱 한 가지의 공통점을 찾아 볼 수 있었어. 그건 바로, 고등학교 3년 동안 하루 평균 18시간 이상 공부했던 사람들이라는 거야.

4 희망이 보이지 않니? 머리가 그리 좋지 않아도, 별다른 재능이 없어도 열심히 공부하고 땀 흘려 노력하면 명문 대학에도 갈 수 있고 자기가 원하는 분야에서 세계 최고가 될 수 있다니 말이야.

공부를 잘하고 싶다면 지금 당장 책상 앞에 앉아 책을 보고, 원하고 꿈꾸는 일이 있다면 당장 그 일에 매달리렴.
네 땀과 노력은 절대로 너를 배신하지 않는단다.

꿈은 땀으로 이루어진단다

1 세계 최고의 부자 중 한 명인 워렌 버핏은 어릴 적 꿈이 세계적인 부자가 되겠다는 것이었단다. 그는 꿈을 이루기 위해 초등학생 때부터 금융과 투자에 관한 공부를 시작했어. 초등학생이라면 가분수나 진분수를 공부해야겠지만, 그런 건 일찌감치 끝내두었던 워렌 버핏은 대학생들이나 배우는 증권 분석과 투자 이론 같은 것을 공부했지.

세계 최고의 탐험가 중 한 명인 아문센은 초등학생 때 꿈이 북극탐험이었단다. 그래서 그는 이 꿈을 꼭 이루어내기 위해 초등학생 때부터 수련을 했어. 옷을 잔뜩 껴입어도 와들와들 떨리는 한겨울을 여름옷 한 벌로 견뎌내고, 아무리 배가 고파도 굶주림을 참아내는 연습을 위해 음식을 절제하고, 꽁꽁 언 산에 오르는 등 자신만의 연습을 시작했지. 또 아문센은 수많은 탐험 전문서적을 읽기 시작했는데, 그 양은 웬만한 전문가들보다도 훨씬 더 많은 양이었단다. 다른 친구들이 한겨울에 따뜻한 방 안에서 맛있는 것을 먹으며 편히 쉬고 있을 때, 아문센은 자신을 이미 탐험 전문가로 만들었던 거야.

2년 어떠니? 어떤 꿈을 가지고 있니? 이미 세워둔 꿈이 있다면, 그것을 이루기 위해서 지금 어떤 노력을 하고 있니?

명심하렴. 꿈을 이루기 위해 노력하는 사람만이 자신의 꿈이 이루어지는 환상적인 경험을 할 수 있다는 것을.
다시 한 번 강조하지만, 꿈은 땀으로 이루어진단다.

늘 환하게 웃는 얼굴로 생활하렴

1 놀먼 커즌스라는 대학교수는 어느 날, 의사로부터 하늘이 무너지는 것 같은 이야기를 듣게 되었단다. 자신이 암에 걸렸는데, 이미 말기로 접어들어 8개월밖에 더 살지 못한다는 거야. 한마디로 사형선고를 받은 셈이었지.

엄청난 충격을 받은 놀먼 커즌스는 그 즉시 학교에 이야기해 모든 강의를 취소한 뒤 짐을 싸기 시작했단다. '어차피 죽을 거, 도시에서 갑갑하게 사느니 산에서 좋은 공기나 실컷 마시다가 죽자!' 하는 생각이 들었거든. 그런데 산 속 생활은 왠지 심심할 것만 같아서, 그는 코미디 비디오테이프 수십 개를 가방 속에 챙겨 넣었단다. 그 후 6개월 동안 그가 산 속에서 한 일이라고는 매일같이 비디오를 보면서 배꼽을 잡고 웃어대는 게 전부였어. 아주 방바닥을 굴러다니면서까지 웃어댔지.

그러던 어느 날, 놀먼 커즌스는 기분 좋게 잠에서 깨어나 평화로운 아침을 맞이했단다. 하지만 이내 당혹스러워졌어. 그동안 그의 일과는 매일 아침 지독한 고통에 시달리면서 눈을 뜨는 것으로 시작되었거든. 깜짝 놀란 그는 차를 타고 마을 병원으로 내려가 다시 한 번 검사를 받아보았단다. 그랬더니 세상에! 그 많던 암세포가 흔적도 없이 사라져버리지 않았겠니?

바로 그때, 어안이 벙벙한 놀먼 커즌스의 머릿속에 '혹시⋯⋯ 웃음 때문에?' 하는 생각이 번갯불처럼 떠올랐단다. 그 즉시 교수는 자신의 진료기록표를 들고 MIT와 스탠포드 의과대학에 달려가 '웃음과 질병의 관계'에 대해 연구해 달라고 요청했어.

그리고 3년이 지났을 때, 놀먼 커즌스 앞으로 MIT와 스탠포드 의과대학에서 보낸 연구결과 보고서가 도착했단다.

"저희 교수진이 연구한 바에 따르면 웃음은 세상의 어떤 항암제보다도 탁월한 치료 효과를 갖고 있는 것으로 판명되었습니다."

2 세상의 어떤 약도 해내지 못한 일을 겨우 '웃음'이 해내다니, 이 사실을 쉽게 믿을 수 있겠니?

웃음의 효과는 이뿐만이 아니란다. 뇌 과학자들의 연구에 따르면, 사람이 웃을 때에는 우리의 머릿속에서 뇌의 작용을 돕는 맑고 파란 하늘빛 호르몬이 수천억 개나 쏟아져 나온다고 해. 하지만 반대로 찡그리거나 화를 낼 때에는 공장 폐수처럼 시커먼 호르몬들이 쏟아져 나와 뇌의 발전을 막고 기능을 저하시킨다는구나.

이로써 웃음이 뇌의 발달에도 큰 영향을 미친다는 것이 입증된 거야.

너희는 보통 4학년 때까지는 늘 싱글벙글한데, 5학년에 올라가면서부터는 제법 얼굴에 표정 좀 잡고 다니더구나. 보는 사람을 기분 나쁘게 만드는 표정, 괜히 노려보는 표정, 매사에 짜증을 내는 듯한 표정, 동생들에게 위협적인 표정 등등.
 그러지 말렴. 그래보았자 네 머리와 건강만 나빠질 뿐이니까.

 앞으로는 늘 환하게 웃는 얼굴로 생활하렴. 그래야 건강도 좋아지고 머리도 좋아진단다.

넌 축복받았단다

『만일 세계가 100명의 마을이라면(국일미디어)』이라는 책을 보면 이런 이야기가 나온단다.

세계 인구를 100명으로 축소해 놓고 보면……

100명 중 20명은 영양실조에 걸려 있고, 1명은 굶어죽기 직전에 놓여 있다.

100명 중 25명은 비와 이슬을 피할 집이 없다.

지갑에 돈이 들어 있고 집안 어딘가에 잔돈이 굴러다니는 사람

은 마을에서 가장 부유한 8명에 속하는 사람이다.

차가 있는 사람은 100명 중 7명 안에 드는 사람이다.

집에 컴퓨터를 가진 사람은 100명 중 2명이다.

100명 중 14명은 글을 읽지 못한다.

자신의 신념에 따라 말하고 행동했을 때 어떤 괴롭힘이나 체포, 고문, 죽음 등을 당할 위험에 처해 있는 사람은 100명 중 48명이다.

공습이나 폭격 또는 지뢰 등으로 다칠 위험이 있거나 무장단체에게 납치 등을 당할 위험에 노출되어 있는 사람은 100명 중 20명이다.

전쟁의 위험, 감옥에서의 고통, 고문으로 인한 고뇌, 기아의 괴로움을 겪어 보지 않은 사람이라면 세계 인구의 상류 계층 500만 명 중의 한 사람이다.

체포, 고통, 고문, 나아가서 죽음에 대한 공포 없이 매주 교회를 다닐 수 있는 사람이라면 이 지구상의 30억 인구가 누리지 못하고 있는 것을 누리고 사는 행운아이다.

너는 네 생각보다 훨씬 더 잘할 수 있어! 117

냉장고에 먹을 것이 있고 몸에 옷을 걸쳤고, 머리 위로는 지붕이 있어서 잠잘 곳이 있는 사람이라면 이 세상 75퍼센트의 사람보다 풍요로운 생활을 하고 있는 사람이다.

선생님이 왜 이 이야기를 했는지 짐작했겠지?
너는 네가 생각하고 있는 것보다 훨씬 좋은 환경에서 생활하고 있는 거란다. 그러니 어떤 상황에서도 불평하지 말고 감사하렴. 불평하고 싶은 마음, 화내고 싶은 마음, 짜증부리고 싶은 마음들을 이기고 두 손을 모아 감사해야 한단다.

대한민국에 태어났다는 사실 하나만으로도 넌 정말 축복받은 사람이니까.

언제나 장점을 찾아 보렴

1 0.028킬로그램의 금을 얻으려면 얼마의 흙을 퍼내야 할까? 그 양은 무려 수십 톤에 달한단다. 1톤이 1,000킬로그램이니까, 정말 어마어마한 양이지?

그럼 수십 수백 톤의 흙을 파내고서야 드디어 금을 발견한 사람의 기분은 어떨까? 그 사람은 비록 적은 양이지만 금을 발견했다는 사실에 뛸 듯이 기뻐할까, 아니면 겨우 그 정도의 금을 구하기 위해 엄청난 양의 흙을 퍼내야 했음에 짜증내고 불평할까? 당연히 금을 보고 기뻐할 거야. 그것도 아주 많이.

2 사람도 마찬가지란다. 사람은 누구나 수십 가지의 단점과 한 두 가지의 장점을 가지고 있어. 그런데 어리석은 사람은 자신의 장점은 볼 생각도 하지 않은 채 수십 가지의 단점에 힘들어한단다. 반면 현명한 사람은 자신의 수많은 단점 대신 한 가지의 장점에 기뻐하고 힘을 내지.

다른 사람이든 너 자신이든 단점보다는 장점을 찾으려고 노력해야 한단다. 너는 오직 장점을 보고 기뻐하며 환호하렴.

결심은 지금 이 순간을 위해서 하는 것이란다

'결심'이란 내일을 위해서 하는 것이 아니란다. 바로 '지금 이 순간'을 위해서 하는 거야.

"앞으로는 엄마 말 잘 듣고 공부 열심히 해야지!"

"내일부터 하루 30분씩 꼭 줄넘기를 할 거야."

이런 생각은 결심이 아니란다. 엄마 말을 잘 듣지도 공부를 열심히 하지도 않는 그 순간을 모면하기 위해서, 잠시 자신을 속이는 것일 뿐이야. 어떤 생각이 들었다면 즉시 행동에 옮겨야 하는 것이 결심이란다.

엄마가 특별히 무얼 시키지 않아도 평상시에 엄마가 내게 바라던 행동을 하고, 책상 앞에 앉아서 바로 공부를 시작해야 한단다.

이게 바로 진짜 '결심'이란다.

시간은 공평하단다

전교 1등하는 아이에게나
전교 꼴등하는 아이에게나
매일 똑같이
주어지는 게 있단다.

바로 '시간'이야.

너는 네 생각보다 훨씬 더 잘할 수 있어! 123

행동하면 모든 게 바뀐단다

1 패코스틸의 창업자 백영중, 소니의 창업자 모리타 아키오, 혼다자동차의 창업자 혼다, 마쓰시타 전기의 창업자 마쓰시타 고노시케. 이 네 사람의 공통점이 무엇인지 아니?

첫째, 이 사람들은 미국 시장에 진출해서 자기 회사를 세계적인 기업으로 만들었단다.

둘째, 이 사람들은 영어를 하나도 할 줄 모르는 상태에서 미국 시장에 뛰어들었단다.

2 위의 네 사람은 '행동의 힘'을 알았던 사람들이란다. 원래 네 명 모두 영어로 단 한 문장도 말할 수 없던 사람들이었지만, 일단 미국 땅에 발을 들여 놓으면 어떻게든 될 거라 생각했던 거야.

"미국에 가면 모든 사람들이 영어로만 말할 거야. 그럼 내 귀엔 계속 영어만 들려올 테고, 그러다 보면 나도 자연히 영어가 익숙해지고 한두 문장씩 말할 수 있게 될 거야. 분명히!"

말도 안 된다고? 너무 무모한 게 아니냐고? 그렇게 생각할 수도 있겠구나. 하지만 현실은 이 사람들의 생각대로 전개되었단다. 오래지 않아 다들 영어 박사가 되었고, 세계 시장에 뛰어들어서 자신의 기업을 적극적으로 알릴 수 있었으며, 마침내 전 세계적인 기업으로 만들어 냈으니까.

3 너도 '행동의 힘'을 이용하렴. 고민할 거 없어. 생각을 뛰어넘어 행동에 옮기는 거야.

성적이 별로 좋지 않다면, 어떻게 할까 걱정하지 말고 그냥 지금부터 책상 앞에 앉아서 공부를 시작해 보렴. 친구 관계가 별로 좋지 않다고? 그럼 지금부터 친구들에게 아무 이유 없이 친절하게 대하고 잘해 줘 봐. 또 엄마한테 꾸중만 듣는다고 혼자서 투덜댈 게 아니라, 엄마가 좋아할 만한 일들을 해 보렴. 운동 신경이 전혀 없어서 고민이라면, 하루에 얼마씩 간단한 스트레칭부터 시작해 보는 거야. 혼자 끙끙댄다고 달라지는 건 아무것도 없잖아?

뭐든 하나씩 하나씩 시작해 봐. 이렇게 '고민 끝, 행복 시작'을 실천한다면 곧 모든 일이 마술처럼 잘 풀리는 신비함을 경험하게 될 거야.

생각은 그저 머릿속에 있을 뿐이야. 하지만, 행동하면 모든 게 바뀐단다.

넌 어떤 생각들을 극복해야 하니?

1 겨우 아홉 살 때 아버지를 잃고 마을에서 쫓겨난 아이가 있었단다. 마을의 족장이었던 아버지가 돌아가시자마자, 아버지의 반대파였던 사람들이 그 어린아이를 들에 내다버렸던 거야. 그런데 그 아이는 자기에게 벌어진 모든 상황들을 부정하거나 원망하지 않았단다.

아이는 '아빠는 왜 이렇게 빨리 내 곁을 떠난 거야.', '내가 왜 이렇게 살아야 해?' 라고 생각하는 대신 '아빠가 없으면 내가 아빠가 되면 되는 거야.', '내가 우리 집을 모두가 우러러보는 가문으로 만들면 돼.' 라고 생각했어.

2 들에 내버려진 아이는 지켜줄 사람도, 보살펴줄 사람도 없었기 때문에 혼자의 힘으로 살아남기 위해 들쥐 등을 잡아먹어야 했단다. 언제까지 이렇게 살아야 할지 모를 상황이었지. 하지만 그 아이는 '이게 사람이 사는 거야? 내 인생은 왜 이 따위냐고!' 라며 억울해하거나 화내는 대신 이렇게 생각했단다.

'지금 아니면 내가 언제 쥐 고기를 맛보겠어. 이 경험은 나중에 다 도움이 될 거야.'

3 커서 무사가 된 그 아이는 싸움을 하던 중 적에게 사로잡혀 목에 칼을 쓰고 감옥에 갇히게 되었단다. 그런데 언제 죽을지 모르는 상황에서도 아이는 두려움에 떠는 대신 이렇게 마음먹었어.

'여기서 탈출하면 나는 진짜 영웅이 된다. 좋아, 이제부터 탈출 방법을 생각해 보자.'

4 어렸을 적부터 갖은 고통과 어려움을 이겨내며 강인한 마음을 키운 아이는 새로운 전투 기술을 만들었고, 어른이 되자 단 두 명의 부하만을 이끌고 고향으로 돌아가 반대파들을 모조리 쓸어버렸어.

그리고 돌아가신 아버지처럼 족장이 된 아이는 이제껏 해온 것처럼 또 한 번 자신을 극복하는 '생각의 힘'을 사용했단다. 어린이와 노인까지 다 합쳐 200만 명도 되지 않는 작은 마을이었지만, 언제나 '어떻게 하면 이 적은 숫자를 가지고 세계를 정복할 수 있을까?' 라고 생각하며 세계정복의 꿈을 키워나가기 시작했어.

그 아이의 전설은 바로 거기서 시작되었단다.

5 테무친이라는 이름의 그 아이는 후일 '세계의 정복자 칭기즈칸'으로 불리게 되었단다. 이 아이가 바로 동으로는 만주, 서로는 러시아, 남으로는 인도, 북으로는 시베리아에 이르렀던 거대한 몽골 제국의 창시자 칭기즈칸이란다.

그가 남긴 말 중에 너에게 꼭 들려주고 싶은 말이 있어.

"적은 밖에 있는 것이 아니라 내 안에 있었다. 나는 나를 극복하는 그 순간, 칭기즈칸이 되었노라."

여기서 말하는 '극복'이란 '생각의 극복'을 뜻하는 거란다.

기억하렴. 어린 나이에 아버지를 잃고 마을에서 쫓겨났던 불쌍한 소년을 세계의 거대한 제국의 주인으로 만들어준 것은, 다름 아닌 남다른 생각이었음을.

자기 앞에 닥친 어려움들을 어려움으로 생각하지 않고, 오히려 자신을 발전시키는 기회로 삼을 줄 아는 현명한 생각 덕택이었음을.

너는 어떤 생각들을 극복해야 하니?

사람이 실패하는 게 아니라
단지 그 일이 실패할 뿐이란다

1 세상에서 가장 어리석은 사람이 누구인지 아니? 바로 '실패'라는 단어가 어디에 붙어야 하는지 모르는 사람들이란다.

바보들은 보통 '실패'라는 단어를 사람 앞에 붙인단다. "나는 실패했어."처럼. 하지만 현명한 사람들은 그 단어를 사건 앞에 붙여서 말하지. "그 일은 실패했어."라고 말이야.

생각해 보렴. 매번 어떤 일이 실패할 때마다 자신을 실패자로 생각하는 사람이 어떻게 살아갈 것 같니? 점점 더 심한 열등감에 빠져서 자책하고 한탄하느라 자신의 일생을 낭비하지 않을까? 자신은 실패한 사람이니까, 어떤 일을 해도 실패할 수밖에 없다고 생각하게 될지도 몰라.

반면 사람이 아니라 단순히 일이 실패했을 뿐이라고 생각하는 사람은 어떻겠니? 그 일에 성공하기 위해서 다시 한 번 도전할 거야. 그 일이 또 한 번 실패하리란 법도 없고, 나는 얼마든지 그것을 해낼 수 있는 사람이니까. 그리고 끝내 자신이 하고자 마음먹었던 것을 성공시키고 말 거야.

2 세상에서 제일 어리석은 아이가 누구인지 아니? 바로 '못해.'라는 말을 자기 앞에 붙이는 아이란다. "난 공부를 못해.", "난 친구를 못 사귀어.", "난 체육을 잘 못해." 등등.

하지만 얘야, 현명하게 너 자신을 돌아 보렴.

만일 네가 공부를 잘 못한다면 그것은 네가 뭐든 못하는 아이라서 그런 게 아니라 네가 한 공부가 실패했을 뿐이란다. 그러니까 다시 도전한다면 아무리 어려운 공부라도 얼마든지 잘할 수 있다는 이야기야. 친구를 사귀는 것도, 운동을 잘하는 것도 모두 마찬가지란다.

명심하렴. 사람은 실패하지 않아. 단지 사람이 한 일이 실패할 뿐이란다. 그러니까 네가 잘 못하는 일이 생겼다면, 다시 도전하렴. 너는 충분히 그 일을 잘 해낼 수 있단다.

넌 커서 어떤 두뇌를 갖고 싶니?

1 영화 속에서 고뇌에 빠진 주인공이 후우 하고 담배연기를 내뿜는 걸 보면 괜히 멋있어 보이지 않니? 카리스마 넘치게 보이기도 하고, 쓸쓸해 보이는 것 같기도 하고 말이야.

선생님은 초등학생 때 담배 피우는 어른들을 흉내낸 적이 있었단다. 제법 그럴싸하게 만든답시고 신문지를 돌돌 말아 담배 대용품을 만든 다음 끝에 불을 붙여서 힘껏 들이마셨는데, 1분도 채 되지 않아 기침이 세차게 터져 나오더니 비명을 지르며 담뱃불을 끌 수밖에 없었지. 신문지가 타면서 나는 연기가 너무 독했거든. 그런 걸 동생들이랑 모여앉아서 서로 경쟁이라도 하듯 뻑뻑 피워댔으니 그 고통이 어땠겠니?

2 그런데 요즘은 어른들을 흉내낸다며 진짜 담배를 구해서 피우는 아이들이 있더구나. 또 많은 친구들은 그런 아이들을 괜히 부러워하고 말이야.

흡연의 나쁜 점에 대해서는 이미 많이 들어서 너도 잘 알고 있지? 그래서 선생님은 담배를 피우면 폐가 시커멓게 썩어 들어가고, 시신경이 망가져 시력을 잃게 되고, 혈관이 막혀 심장이 망가질 수 있고, 비흡연자보다 기본적으로 두 배 이상 늙어 보인다는 등의 이야기는 더 이상 하지 않으려고 해. 대신 너에게 이 말을 꼭 하고 싶었단다.

담배가 어떤 건지 궁금하고, 손가락 사이에 끼워 보면 괜히 폼이 날 것 같고, 입에 물고 멋있게 불을 붙이면 영화 속 한 장면같이 보일 것 같다면 담배란 게 과연 어떤 것인지 직접 관찰해 보려무나. 한 스무 개비쯤 구해서 담배를 싸고 있는 종이를 찢고, 그 안에 든 것들을 쏟아낸 뒤 가까이 코를 갖다 대고 냄새를 맡아 보는 거야. 또 어른들이 다 피운 뒤 물에 담가 놓은 담배꽁초에서 어떤 냄새가 나는지도 꼭 맡아 보렴. 물 속에서 고약한 냄새와 함께 누런색의 진액을 뱉어내는 담배꽁초가 얼마나 끔찍한 것인지 너는 금방 알 수 있을 거야.

담배를 피운다는 것은 그 더러운 물을 마시고, 또 흠뻑 젖은 담배꽁초를 삼키는 거나 다름없는 거란다. 한마디로 말해 네 입 안과 몸 속이 담배꽁초를 버리는 재떨이가 되는 거지.

그러니까 네 앞에서 담배를 피워봤다고 자랑하는 아이는, 그 역겨운 것을 먹어보았다고 자랑하는 거나 마찬가지란다. 세상에서 가장 바보 같은 짓을 하고서 대단한 일이라도 한 양 우쭐대는 셈이지.

그 아이는 바보 중에서도 초특급 왕 바보야.

3 미국에는 각 학교마다 금연 포스터가 붙어 있는데, 거기에는 오랫동안 담배를 피워온 어른의 뇌 사진과 단 한 번도 담배를 피운 적이 없는 어른의 뇌 사진이 나란히 놓여 있단다. 두 사진을 비교해 보면 담배가 우리 몸에 얼마나 나쁜지를 섬뜩하리만치 사실

적으로 느끼게 되기 때문이야.

우선 단 한 번도 흡연한 적이 없는 사람의 뇌는 적당한 주름이 잡혀 있고 반들반들 윤기가 돌지만, 그 옆 사진 속 뇌는 주름에 구멍이 뻥뻥 뚫려 있고 색깔도 거무칙칙하단다.

선생님이 세상에서 제일 좋은 컴퓨터는 네 머릿속에 있다고 이야기한 거 기억하니? 그 컴퓨터를 가동할 수도 없게 망가트리는가, 최고급 사양으로 유지하고 사용하는가는 오직 너 자신의 선택에 달려 있단다.

너는 커서 어떤 뇌를 갖고 싶니?

크게 성공하는 사람이 되려면

1 선생님이 보니까, 시험을 망치고는 며칠씩 풀이 죽은 채로 생활하는 친구들이 너무 많은 것 같더구나. 어떤 친구들은 이렇게 이야기하면서 한두 달씩 놀아버리거나 아예 공부를 포기해 버리기도 하던걸?

"난 진짜 할 만큼 했어. 그런데 성적이 이따위로 나온 걸 어떻게 하란 말이야. 공부를 해야겠다는 생각이 싹 다 사라졌어. 해도 안 되는 걸 해서 뭐해. 책상 앞에 있으면 그저 괴롭기만 한 걸. 차라리 노는 게 나아."

2 지금으로부터 약 170년 전에 미국에 살던 어떤 사람의 이야기를 들려줄게.

　이 사람의 꿈은 정치가였단다. 다른 꿈은 없었어. 오직, 반드시, 꼭 정치가가 되고 싶었으니까.

　이 사람의 인생 행로를 한번 살펴볼까?

　1832년, 이 사람은 의원 선거에 도전했다가 낙선했단다.

　1838년, 6년의 준비 끝에 대변인 선거에 도전했다가 낙선했단다.

　1840년, 2년의 준비 끝에 선거인단 선거에 도전했다가 낙선했단다.

　1843년, 3년의 준비 끝에 하원의원 선거에 도전했다가 낙선했단다.

　1848년, 5년의 준비 끝에 하원의원 선거에 도전했다가 낙선했단다.

　1855년, 7년의 준비 끝에 상원의원 선거에 도전했다가 낙선했단다.

　1856년, 1년의 준비 끝에 부통령 선거에 도전했다가 낙선했단다.

　1858년, 2년의 준비 끝에 상원의원 선거에 도전했다가 낙선했단다.

아휴……. 무려 30여 년에 걸친 도전이 모두 실패로 끝나다니, 누군지는 몰라도 참 안됐다는 생각이 들지 않니? 꾸준한 도전이 미련스러워 보일 정도잖아. 이 사람이 "난 할 만큼 했어. 그런데 안 되는 걸 어떡해!"라고 말하면서 포기해 버렸다 해도, 이 정도의

노력이라면 감히 그 누구도 뭐라 하지 못했을 거야.

하지만 이 사람은 절대로 좌절하거나 포기하지 않았단다. 1858년 상원의원 선거에서 낙선한 다음, 실패에 굴하지 않고 다시 2년 동안 열심히 준비해서 이번에는 대통령 선거에 도전했어. 그리고 당당히 미국의 제 16대 대통령에 이름을 올렸단다.

이 사람이 바로 에이브러햄 링컨이야.

3 네가 최선을 다해서 공부했어도, 시험을 망쳐서 성적이 나쁘게 나올 수도 있단다. 학교나 집에서 네가 맡은 일을 열심히 하고도, 칭찬은커녕 좋지 않은 소리를 들을 수도 있는 거야. 네 딴에는 친구를 위해서 일부러 애쓴 일인데도 오히려 안 좋은 결과가 생기는 일도 가끔 있잖니?

세상엔 이처럼 열심히 한다고 했는데도 결과가 좋지 않은 경우가 더러 있단다. 이럴 땐 참 속상하지? 그럼, 누구나 다 같은 마음이야. 하지만 말이야, 그렇다고 해서 실망하거나 포기해서는 안 된단다.

그럴수록 오히려 더욱 더 열심히 공부하고, 더욱 더 성실히 네

할 일을 하고, 친구에게 더욱 더 잘해 주렴. 그러면 머지않아 공부도 잘하게 되고, 하는 일마다 성공하게 되고, 친구들에게도 인기 짱인 아이가 될 수 있을 거야.

더 나아가서는 링컨 대통령처럼 크게 성공하는 사람도 될 수 있을 거고.

작심삼일 타파 필살비법

1 선생님과 함께 공부했던 친구 중에 '작심삼일' 병에 걸렸던 아이가 있었단다. 이 아이의 행동 습관은 정말 특이했어. 혹시 너와 닮은 점이 있는지 잘 보렴.

일단 자리에 앉아서 엄청나게 거창한 공부 계획을 세운단다. 그리고 첫째 날은 그 계획에 따라 정말 열심히 공부를 하는 거야. 하지만 둘째 날엔 첫날의 절반 정도만, 셋째 날엔 그것조차 전혀 하지 않는단다. 공부하기로 결심했던 마음을 깡그리 잊어버린 채 온종일 신나게 놀기만 하는 거야. 그러고는 하루를 마칠 때쯤이 되어서야 후회하기 시작하지.

"아, 이번에도 작심삼일이네. 어떻게 매번 3일을 못 넘길까? 난 안 돼, 정말 안 돼!"

아이는 한동안 자신의 약한 의지력을 탓하면서 허송세월을 하다가, 다시 공부해야겠다는 생각이 들면 또 거창한 계획을 세우곤 했어. 그렇게 첫째 날을 맞이하고, 둘째 날을 보내고, 셋째 날이 다가오고, 자꾸만 뱅글뱅글 맴도는 거지.

2

보다 못한 선생님은 그 아이에게 '작심삼일 타파 필살비법'을 일러주었단다. 그랬더니 만성적이었던 작심삼일 병도 씻은 듯 사라지고 성적도 크게 올라갔어.

선생님이 가르쳐주었던 필살비법은 바로 이거였단다.

"작심삼일의 3일째 되는 날 다시 작심을 해라!"

그러니까 어떤 일을 하겠다고 마음먹은 세 번째 날에 '내일부터 무슨 일을 어떻게 하겠다'고 다시 계획을 세우는 거야. 그럼 늘 하던 대로 결심한 바가 시들해지고 계획을 포기하게 돼도, 그 다음 날부터는 새로운 계획이 기다리고 있으니 이때까지처럼 팽팽 놀지만은 않겠지? 그리고 다시 공부나 어떤 일을 계획대로 해내다가 의지력이 약해지는 3일째에 새로운 계획을 세우는 거야.

이런 식으로 계속해서 반복하면 작심삼일을 타파할 수 있단다.

3 열심히 공부하는 날이 한 달에 일주일도 안 되던 그 아이는 이 비법을 실천한 뒤로는 무려 한 달에 20일이나 공부에 열중하게 되었고, 반에서 30등 정도 하던 성적이 한 달 만에 무려 12등으로 올랐단다. 이게 어떻게 된 일일까?

다른 친구들은 모두 그 아이처럼 작심삼일 병에 걸려 있었지만, 아이는 계획에 계획을 거듭 세우면서 공부에 열중했으니 등수를 쑥쑥 올리는 거야 식은 죽 먹기였거든.

그 아이는 이제 중학생이 되었는데, 어느새 작심삼일이 작심사일이 되고, 작심오일, 작심십일로 늘어난 덕분에 지금은 전교 상위권을 유지하고 있다는구나.

어때? 너도 만일 작심삼일 병에 걸려 있다면, 한번 실천해 보지 않겠니? 선생님의 '작심삼일 타파 필살비법'을.

네 말을 바꾸면
네 인생도 바뀐단다

1 미국의 트럭 운송 서비스 회사인 PIE에서 실제로 있었던 일이란다.

　이 회사의 근로자들은 아주 어처구니없는 실수를 저지르기로 유명했단다. 로스앤젤레스에 보내야 할 물건은 샌프란시스코로 가는 트럭에 실어버리고, 샌프란시스코로 가야 할 물건은 뉴욕 행 트럭에 실어버리는 식이었지. 그것도 무려 열 건 중 여섯 건을 이런 식으로 처리했단다. 그러니 어떻게 되었겠니? 운송 서비스를 이용하던 고객들은 물론이고 회사 내부에서도 난리가 났단다.

그래서 PIE사 사장은 근로자들의 실수를 줄이기 위해 벌도 주고 상도 주는 등 온갖 방법을 다 써 보았어. 하지만 아무런 소용이 없었지. 고민을 거듭하던 사장은 결국, 이 분야의 실수를 방지하는 데에 세계적인 권위자인 에드워드 데밍 박사를 초빙했단다.

그로부터 몇 주 동안 PIE를 심층 분석한 에드워드 데밍 박사는 사장에게 이런 처방을 내려주었단다.

"이 회사는 근로자들을 트럭 운전수나 일꾼이라고 비하해서 부르더군요. 앞으로는 그렇게 부르지 말고, '장인'이라고 불러보세요. 그러면 실수가 크게 줄어들 것입니다."

이 말에 사장은 무척이나 황당해했지만, 그 말을 따라한다고 해서 손해 볼 것은 없다고 생각했기에 모든 근로자들을 '장인'으로 정중하게 높여 부르기 시작했단다.

결과가 어떻게 되었을까?

60퍼센트에 달하던 실수가 한 달 만에 10퍼센트 대로 떨어졌고, 이로 인해 PIE사는 1년에 2억 5,000만 원에 달하는 비용절감 효과를 얻을 수 있었단다.

2 한때 선생님은 이런 말들을 자주 하곤 했어.

"어휴, 내 인생은 왜 늘 이 모양이지?"

"내가 그렇지 뭐, 잘 풀리는 일이 있나. 늘 그랬는걸."

실제로 선생님의 삶은 별 볼일 없었고, 나쁜 일도 아주 많이 일어났기 때문에 이런 말을 입버릇처럼 달고 살았단다. 그런데 이런 말을 계속할수록 선생님의 인생은 더욱 더 별 볼일 없는 방향으로 흘러갔고, 나쁜 일 역시 더욱 더 많이 일어났어.

이래서는 안 되겠다고 생각한 선생님은 그 이후 새로운 말을 시작했단다.

"내 인생은 왜 이렇게 멋질까? 정말 환상적이야."

"항상 좋은 일만 일어날 거야. 언제나 좋은 일만 생길 거라구. 힘내, 다 잘 되게 돼 있어!"

그랬더니 어떻게 되었는지 알아? 신기하게도 진짜로 멋지고 좋은 일들이 생겨나기 시작했어. 정말이야, 선생님이 직접 겪은 일이잖니.

믿으렴. 말을 바꾸면 그 사람의 삶도 바뀐단다.

3 말의 힘을 믿게 된 선생님은 선생님 반 친구를 대상으로 이 힘을 사용해 보았단다.

같은 반 친구들에게 '바보' 라고 불리던 그 아이는, 나눗셈과 곱셈 기호조차 헷갈릴 정도라 수학 시험만 봤다 하면 보통 20점을 맞던 친구였단다. 또 이런 저런 실수를 참 많이 했는데, 그럴 때마다 스스로를 향해서 "에잇, 이 바보자식 같으니라구!"라고 소리치며 자신을 심하게 괴롭혔지.

선생님은 그 아이의 인생을 바꿔주어야겠다고 생각했어. 그래서 그 친구에게 자신이 실수하거나 못마땅할 때마다 "난 잘할 수 있어.", "난 똑똑해. 괜찮아."라고 말하도록 했단다. 그러고는 무의식중에 옛날 말버릇이 튀어나올 때면 가차 없이 벌을 주었고, 틈날 때마다 그 아이에게 "선생님은 너를 믿어. 넌 할 수 있어. 넌 꼭 수학 우등생이 될 거야!"라고 말하는 것도 빼놓지 않았단다.

이번에는 어떤 효과가 나타났을까?

1학기말 수학 시험에서 겨우 20점을 맞았던 아이가 2학기말 시험에서는 80점씩이나 맞게 되었단다. 놀랍지 않니? 이게 바로 '말' 이 가진 엄청난 힘이란다.

4 가만 보면 자기 자신을 향해서 마치 습관처럼 나쁜 말을 던지는 친구들이 너무 많더구나.

"멍청이!"

"바보!"

"병신."

"전 또라이예요. 항상 이런 식인걸요."

이런 말들을 항상 입에 달고 다니는 아이들이 한 반에 열 명씩은 꼭 있는 것 같아. 또 실수를 하거나 잘못을 저지르게 되면 자기 자신을 가혹할 정도로 몰아붙이는 친구들도 많더구나.

"이럴 때마다 정말 죽어버리고 싶어. 해도 해도 언제나 이런 식이니까. 뭘 해도 안 될 거야, 난."

"난 어쩔 수 없나 봐. 봐, 또 이런 짓을 저질렀잖아. 선생님, 전 구제불능이에요."

"나는 왜 항상 이 모양이지? 하는 짓마다 엉망이라구!"

하지만 이런 말을 하는 아이들은 대개 다음 번에도 똑같은 실수를 저지르고, 그런 자신에게 분노와 구박과 원망을 쏟아 붓곤 해. 참 이상하지 않니? 같은 잘못을 저지르지 않으려고 엄청나게 노력하는 데도, 항상 똑같은 실수를 저지르니까 말이야.

그들은 왜 자꾸 같은 실수를 반복하게 되는 걸까?

이유는 간단해. 행동을 고치려는 노력은 했지만, 말을 고치려는 노력은 전혀 하지 않았기 때문이란다.

5 생각해 보렴.

사람은 누구나 입술을 통하든 마음속으로든 '이제 청소를 해야지.', '오늘은 30쪽까지 책을 읽을 거야.', '자기 전에 가방을 미리 챙겨놓아야지.'라고 말한 다음 행동에 옮기기 마련이란다. 가만히 생각해 보면 너 역시 그렇다는 것을 알 수 있을 거야. 예를 들어 준비물을 챙길 때에도 '아, 내일 준비물 챙겨야 되는데.'라는 식의 말을 자신에게 한 다음 행동으로 옮기게 되잖니.

왜 그러는 걸까? 그건 바로, 말에는 행동을 이끌어내는 힘이 있기 때문이란다. 따라서 행동을 고치고 싶다면, 먼저 말부터 고쳐야 자연스럽게 행동까지도 고쳐지는 거지.

앞으로는 네 자신이 못마땅하게 생각되거나 어떤 실수를 할 때에, 이렇게 말하렴.

"괜찮아, 실수는 누구나 다 하는 거야. 대신 다음에 잘하면 돼.

난 진짜 못생겼어.
나는 할 수 없어.
걔 정말 짜증나지 않니?
선생님이 너무 싫어.
재수 없어.
난 왜 이렇게 공부를 못 할까.
엄마 잔소리는 진짜 지겨워.

이번 실수는 다음을 위한 교훈이 되는 거야. 날 믿자."

"난 잘 하고 있어. 지금은 별로 맘에 들진 않지만, 언제나 이 상태로 있을 내가 아니잖아?"

"기죽을 필요 없어. 다음엔 달라져 있을 거니까."

그리고 너 자신에게 "어떻게 해야 똑같은 실수를 안 할 수 있을

난 사람들에게 호감 가는 타입이야.
나에게는 무한한 가능성이 있어.
○○한테도 분명히 좋은 점이 있을 텐데.
나만 모르는 걸까? 좋아, 나도 한번 찾아 봐야지.
선생님도 사람인데 얼마든지 단점이 있을 수
있지. 하지만 찾아보면 장점이 더 많을 거야.
좋은 일이 생길거야.
공부를 잘하려면 어떻게 해야 할까?
원래 사랑이 없으면 잔소리도 안 하는 거랬어.
엄마는 지금 나에게 최고의 관심을 기울이고 계시는 거야.

까?" 하고 질문을 던져 보는 거야. 만약 혼자 생각해내기 어렵다면, 부모님이나 선생님께 여쭤보는 것도 좋은 방법이란다.

명심하렴. 네가 쓰는 말이 네 인생을 만든단다.

네 꿈을 적어 보지 않겠니?

1 옛날에 한 소년이 있었단다. 소년의 아버지는 전국의 목장을 돌아다니면서 말을 조련하는 사람이었어. 소년은 아버지가 얼마나 고생하면서 돈을 버는지 아주 잘 알고 있었기 때문에, 늘 이렇게 기도했지.

"하나님, 제가 세상에서 제일 큰 목장을 갖게 해주세요. 그래서 우리 아빠가 떠돌아다니지 않고 제 목장에서 마음껏 말을 기를 수 있게 해주세요."

그러던 어느 날, 소년은 종이에 소원을 적으면 언젠가는 반드시

이루어진다는 이야기를 듣게 되었단다. 그때부터 소년은 하루도 빠짐없이 매일, 자신의 기도를 또박또박 종이에 옮겨 적기 시작했어.

2 소년은 자라서 고등학생이 되었단다.

담임선생님께서 주신 가정환경 조사서에는 '나의 장래 희망', '선생님께 바라는 말' 같은 항목들이 있었어. 소년은 조금의 망설임도 없이 장래 희망을 '목장 주인'이라고 쓰고, 따로 마련한 일곱 장의 종이에 그 꿈에 대한 자세한 이야기를 적어 나갔단다. 첫 장에는 목장의 조감도(높은 곳에서 내려다본 상태의 그림이나 지도)를 그리고, 둘째 장에는 목장의 구조를 적고, 셋째 장에는 목장에서 기를 가축들의 숫자와 목동들의 숫자를 적고…… 이런 식으로 일곱 장의 종이가 빽빽하게 채워졌지.

다음 날, 무려 일곱 장의 종이에 채워진 소년의 꿈을 들여다 본 담임선생님은 어이가 없다는 표정으로 이렇게 말했단다.

"네 꿈은 너무 비현실적이구나. 세계에서 제일 큰 목장을 갖고 싶다는 네 맘은 잘 알겠지만, 그러려면 돈이 있어야 하지 않겠어? 그런데 너희 아버지는 떠돌이 말 조련사이니……. 얘야, 미안하지만 네 꿈은 이루어질 수 없는 거란다. 장래 희망은 다시 써 오렴. 아니면 선생님은 네 생활기록부에 좋은 말을 써줄 수가 없단다. 어쩌면 거짓말쟁이라고 쓸지도 몰라. 그러니 다시 써 오렴."

하지만 소년은 당당하게 대답했단다.

"선생님, 저는 종이에 자신의 소원을 적으면 이루어진다는 말을 믿고 있어요. 저는 종이에 제 꿈을 적었고, 진짜 세계에서 가장 큰 목장의 주인이 될 거예요. 그러니까 선생님은 제 생활기록부에 거짓말쟁이라고 쓰세요. 저는 제 꿈을 절대로 바꿀 수 없습니다."

이 말에 선생님은 얼굴을 붉히면서 화를 냈고, 소년의 생활기록부에 나쁜 말을 잔뜩 써놓았단다.

3 그 후 수십 년의 세월이 흘러, 소년은 어른이 되었고 선생님은 노인이 되었지.

어느 날 선생님은 텔레비전을 보던 중 세상에서 가장 큰 목장을 소개하는 프로그램을 보게 되었어. 그리고 다음 날, 비행기를 타고 그 목장으로 날아간 선생님은 목장 주인의 손을 꼭 잡고 끊임없이 눈물을 흘렸단다.

"여보게, 나는 선생님이 아니라 자네의 꿈을 훔치는 꿈도둑이었네."

그 목장의 주인은 바로 수십 년 전 현실적인 꿈을 꾸라며 혼나야 했던 그 소년이었단다.

4 종이 위에 네가 원하고 바라는 것을 적으면, 그 꿈은 언젠가 반드시 이루어진단다. 하지만 형식적으로 대충 끼적거린다거나, 처음에만 열심히 쓰고 그 뒤로는 새까맣게 잊어버린다면 그 사람의 꿈은 절대로 이루어지지 않겠지. 또 매일 열심히 쓰긴 하지만, '이게 과연 효과가 있을까? 진짜 이루어지는 거야?' 하며 의심하는 사람의 꿈도 역시 이루어지지 않을 거야.

이 '꿈 쓰기 기술'은 ①자신의 꿈은 반드시 이루어진다는 것을 진심으로 믿으면서 ②그 꿈을 종이 위에 상세하게 적되 ③한두 번이 아니라 열성적으로 자주 적는 사람의 꿈만 이루어준단다.

5 다음은 '꿈 쓰기 기술'을 통해서 자신의 꿈을 이뤄낸 대표적인 사람들이란다.

철강왕 카네기 : 철공소 노동자로 일할 때, 매일 아침저녁마다 종이 위에 "나는 세계에서 제일 큰 부자가 될 것이다."라고 적었는데, 정말 그렇게 되었단다.

영화배우 짐 캐리 : 무명배우 시절, 수표용지를 하나 사서 '발행인 : 영화사 / 수취인 : 짐 캐리 / 금액 : 1,000만 달러 / 기한 : 95년 추수감사절 이후' 라고 써놓고 그것을 언제나 가슴에 품고 다니면서 세계적인 영화배우가 되는 꿈을 꾸었단다. 그리고 정말, 1995년 11월 말에 짐 캐리는 영화〈마스크〉의 출연료로 1,000만 달러짜리 수표를 받았단다.

이나모리 가즈오 : 작은 회사를 꾸려나가고 있을 때, 회사 입구에 "매달 10억 엔씩 벌어서 전 직원이 하와이로 놀러 갑시다."라는 꿈을 써서 걸어 놓았단다. 그 결과 1년에 5억 엔 정도의 수익을 내던 회사는 매달 10억 엔을 넘게 벌어들였고, 전 직원은 사장의 말대로 하와이 여행을 떠나게 되었단다.

6 미국의 하버드 대학 심리학 연구소와 예일 대학교 교수들은 '꿈 쓰기 기술'의 효과에 대해서 연구 조사한 뒤에 다음과 같이 발표했단다.

하버드 대학 심리학 연구소

65세 정년 퇴직자들을 대상으로 전국적인 조사를 실시해 보니, 이 중 3퍼센트만이 최고의 부와 명예를 누리고 있었다. 이 사람들은 젊었을 때부터 확고한 꿈을 세우고 이를 글로 분명하게 적어 놓았던 사람들이었다. 그리고 10퍼센트는 퇴직 전과 별 차이 없이 살고 있었는데, 이들은 꿈은 있었으되 글로 적지는 않았던 사람들이다. 또 60퍼센트는 겨우겨우 살아가고 있었는데, 이들은 꿈이 자주 바뀌었던 사람들이다. 그리고 남은 27퍼센트는 자선 단체의 도움으로 살아가고 있었는데, 이들은 아예 꿈이 없었던 사람들이었다.

예일 대학교

예일 대학교는 1953년에 졸업생들을 대상으로 다음과 같은 설문지를 돌렸다.

"지금 당신은 당신의 꿈을 구체적으로 적은 종이를 갖고 있습니까?"

조사 결과, 졸업생들의 3퍼센트가 '그렇다'고 대답했고 나머지 97퍼센트는 '그렇지 않다'라고 대답했다.

그로부터 20여 년이 흐른 1973년, 예일 대학교는 1953년에 졸업한 학생들의 경제력을 조사했다. 그러자 꿈을 적어놓은 종이가 있다고 대답했던 3퍼센트 학생들의 재산이 '그렇지 않다'고 대답했던 나머지 97퍼센트의 재산을 합친 것보다 더 많은 것으로 조사되었다.

7 놀랍지?

이 꿈 쓰기 기술은 너에게도 똑같은 효과가 있단다. 어때? 지금 당장 종이를 꺼내서 네 꿈을 적어 보지 않을래?